Karola Luther-Hoffmann

Häkel mich!

Lustige Glücksbringer im Miniformat

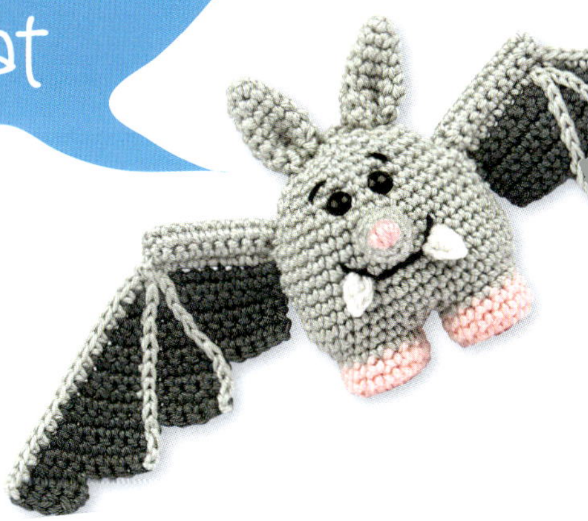

CV

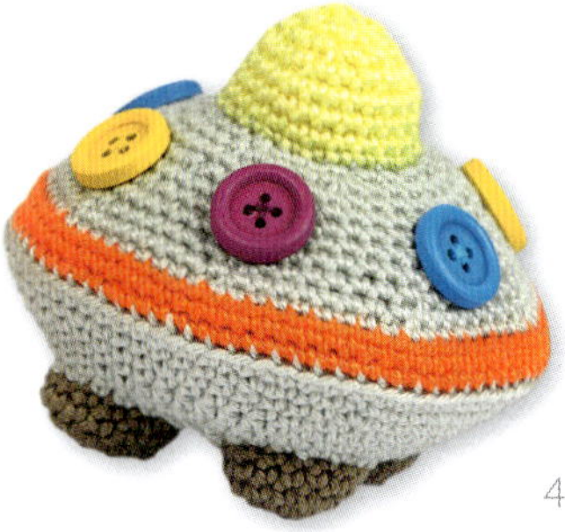

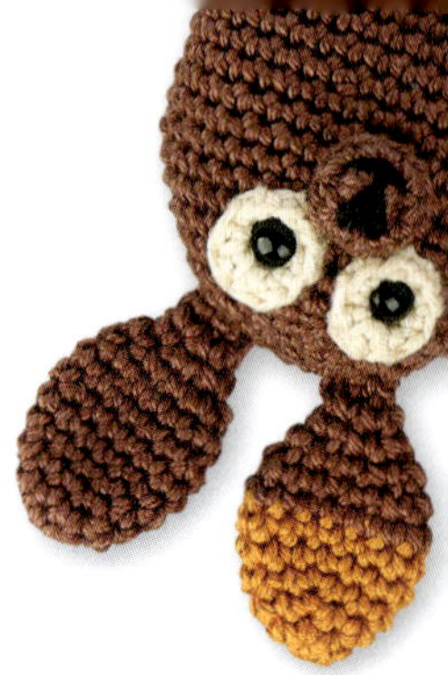

Inhalt

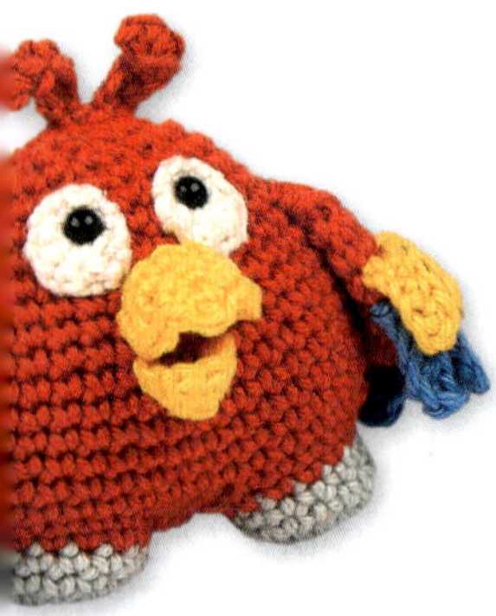

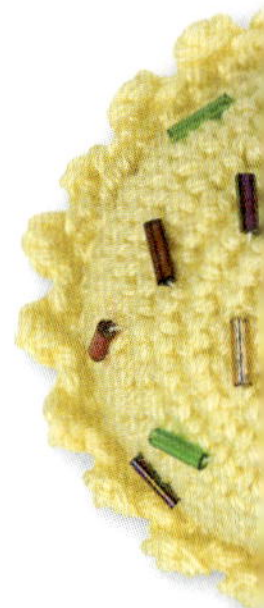

Aufwand

- schnell
- mit Details
- dauert etwas länger

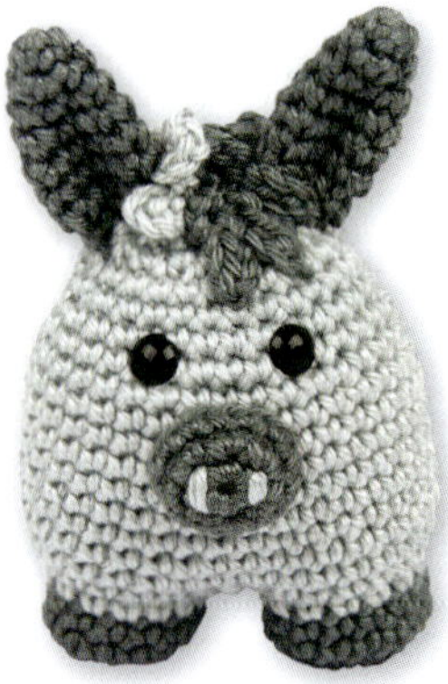

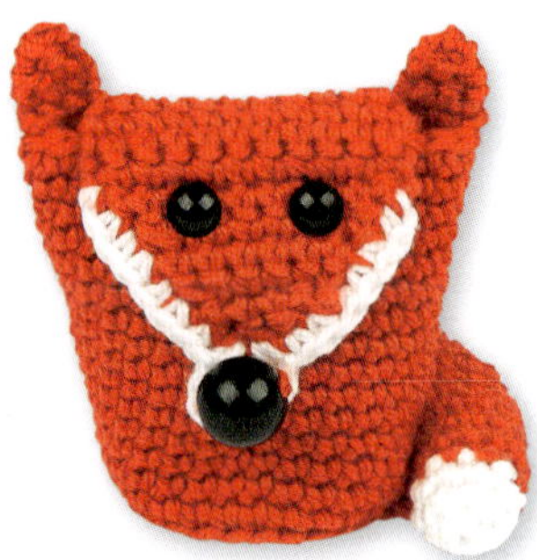

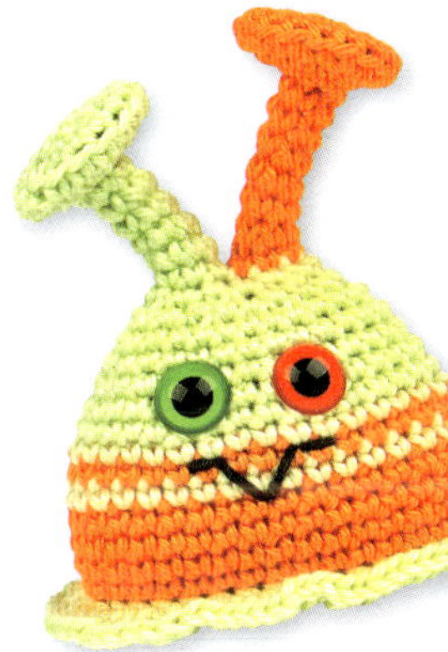

Liebe Häkel-Fans,

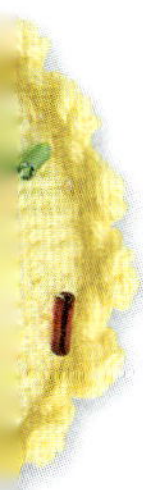

sie sind fröhlich, frech, bunt, klein und im Handumdrehen gehäkelt: Witzige Meeresbewohner, süße Osterhäschen oder Muffins zum Anbeißen. Wenn das kein Grund ist, schnell zu Wolle und Häkelnadel zu greifen!

Mit Hilfe einer pfiffigen Technik werden Füße und Körper der Figuren ohne nachträgliches Annähen in einem Arbeitsgang gefertigt. So werden die meisten Modelle nach einem Grundmodell gehäkelt, das mit Step-Fotos und Häkelschriften ausführlich erklärt wird und einfach nachzuarbeiten ist.

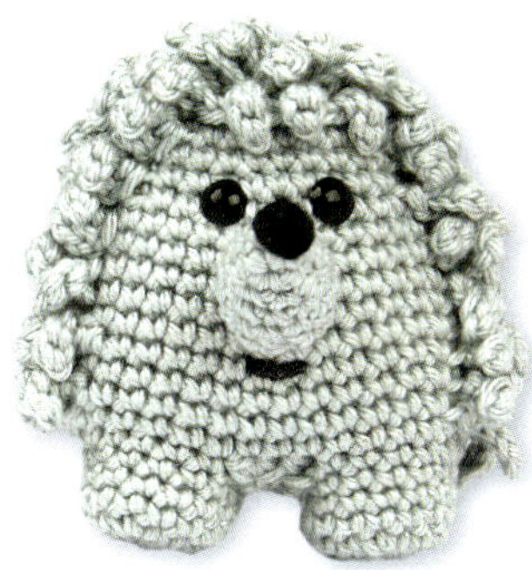

Es entstehen liebenswerte kleine Unikate im Miniformat zum Spielen, Sammeln oder Verschenken!

Viel Inspiration und Spaß beim Häkeln wünscht Ihnen

Karola Luther-Hoffmann

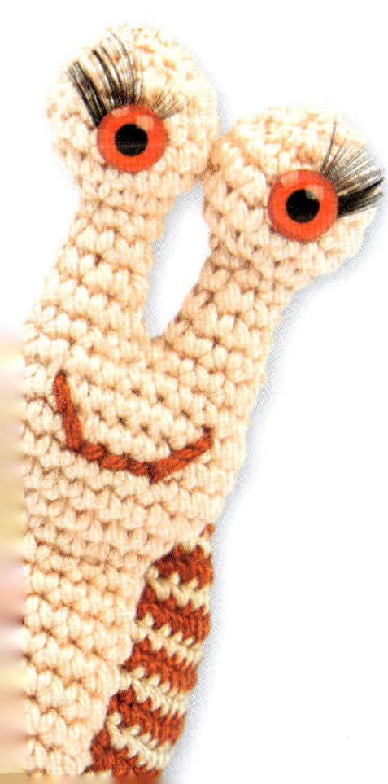

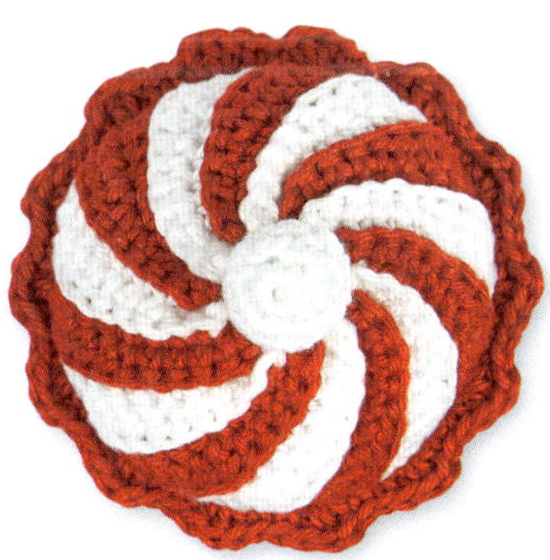

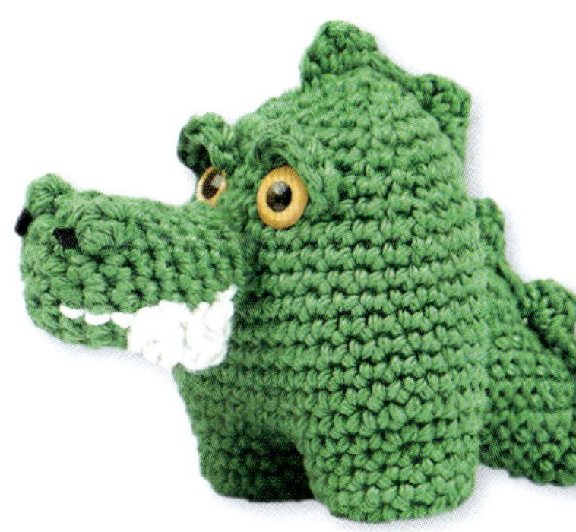

Grundmodell Häkelfiguren

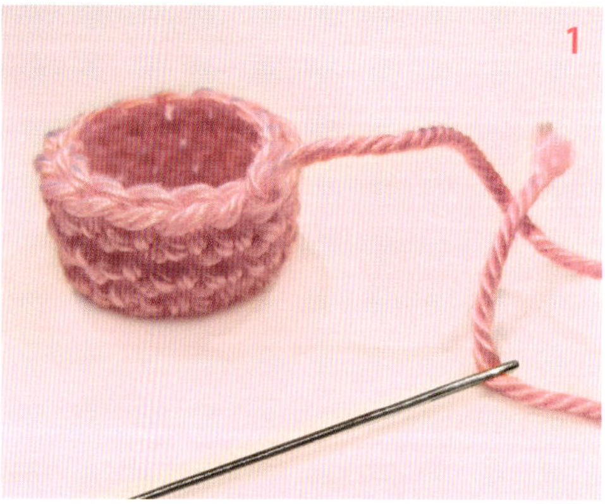

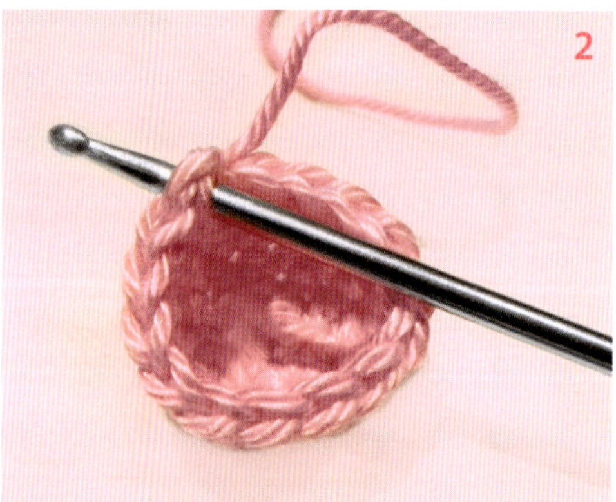

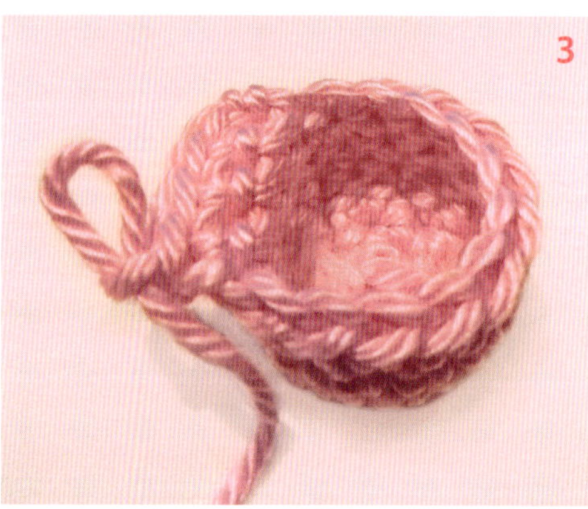

Alle Figuren in diesem Buch wurden mit einem Baumwollgarn (100 % Baumwolle, Lauflänge 125 m/50 g) und einer Häkelnadel Nr. 2 gehäkelt. Die meisten Figuren aus diesem Buch besitzen ein gemeinsames Grundmodell, welches im Folgenden beschrieben wird.

Beine (2 x arb.)

Feste Maschen in Spiralrunden häkeln, am Rundenübergang einen Faden einlegen, um ihn zu kennzeichnen. Um Maschen zu verdoppeln, stets 2 feste Maschen in 1 Einstichstelle arbeiten.

1. Rd: 5 fM in eine Fadenschlinge häkeln. **2. Rd:** Jede M verdoppeln (= 10 M). **3. Rd:** Jede 2. M verdoppeln (= 15 M). **4.–6. Rd:** Ohne Zun. häkeln.

Für das 1. Bein die letzte Rd mit einer KM beenden, den Arbeitsfaden abschneiden und vernähen (siehe Bild 1).

Beim 2. Bein den Faden nicht abschneiden, sondern die Arbeit wenden und von innen nach außen einstechend in die letzten 4 M des Beins den Verbindungssteg arbeiten (siehe Bild 2).

Die Beine mit einem Steg verbinden

In Reihen häkeln (siehe auch Häkelschrift 1). **1.–2. R:** 4 fM, 1 LfM (siehe Bild 3). **3. R:** 4 fM häkeln, dabei die letzten 4 fM des 1. Beins mit dem Steg zusammenhäkeln. Die beiden Beine sind nun verbunden. Den Arbeitsfaden nicht abschneiden (siehe Bild 4a/b).

Häkelschrift 1

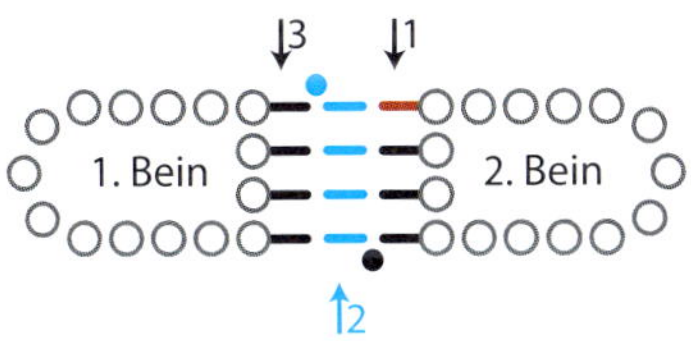

Zeichenerklärung

○ = 1 Einstichstelle

● = 1 Luftmasche

| = 1 feste Masche

T = 1 halbes Stäbchen

Laufen die Zeichen unten zusammen, werden die Maschen in 1 Einstichstelle gehäkelt.

Körper

In Spiralrunden weiterhäkeln. Am Anfang einen Markierungsfaden einlegen. **1. Rd** (bei Bein 1 beginnen, siehe auch Häkelschrift 2): * 4 fM, 2 fM in 1 Einstichstelle, 1 fM, 2 fM in 1 Einstichstelle, 4 fM, 3 halbe Stäbchen in den Häkelsteg häkeln; ab * für das 2. Bein wiederholen (= 32 M) (siehe Bild 5).

Häkelschrift 2

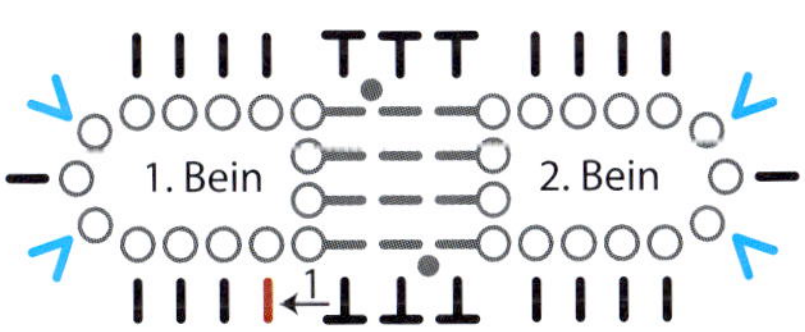

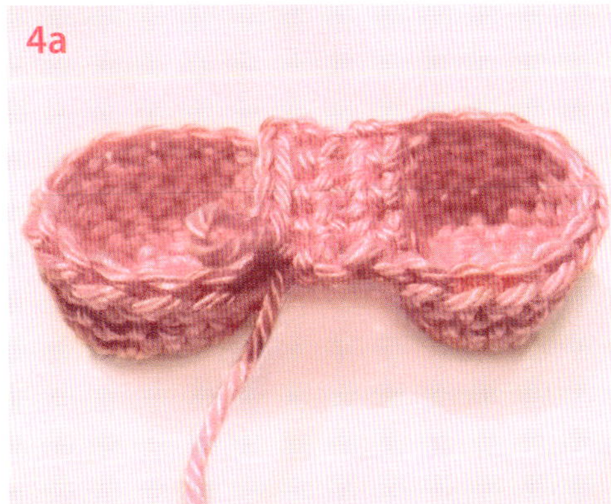

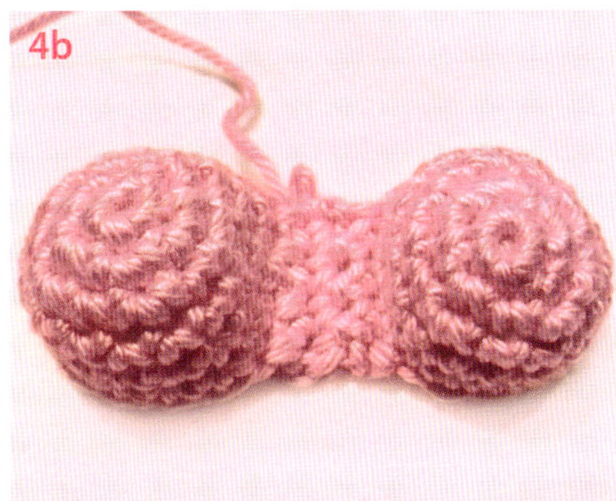

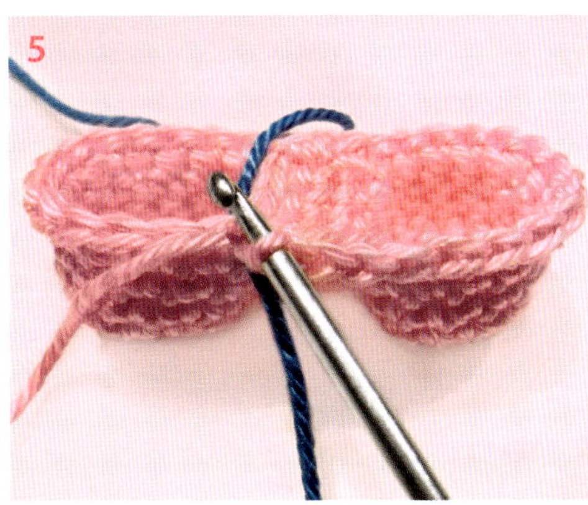

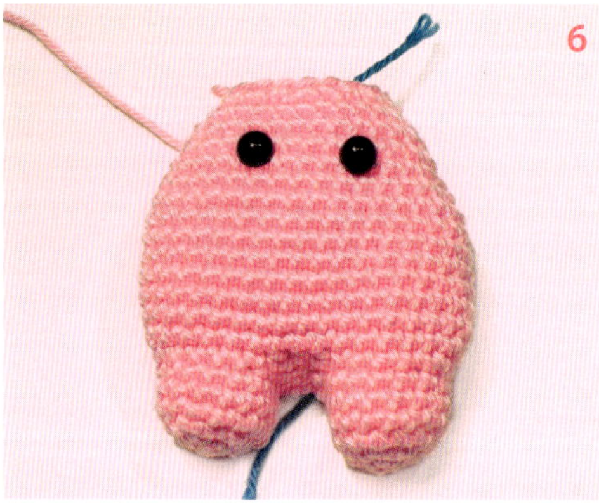
6

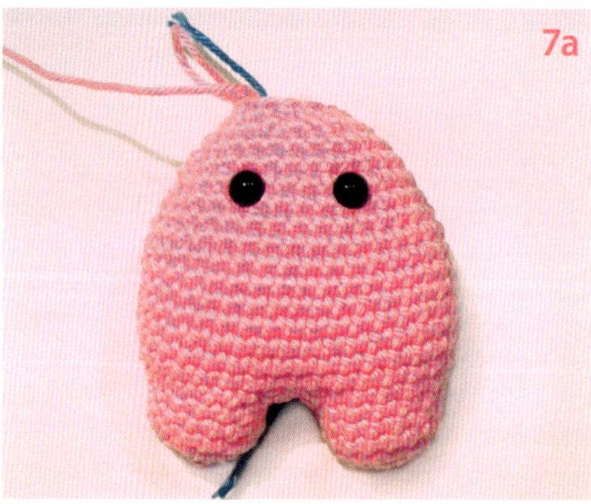
7a

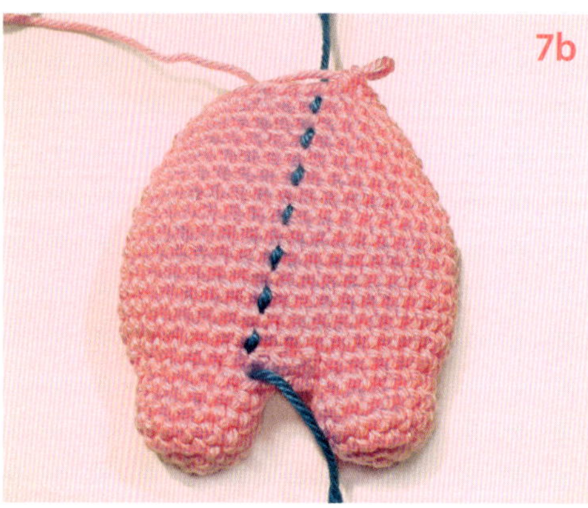
7b

2. Rd (siehe auch Häkelschrift 3): 5 fM, 2 fM in 1 Einstichstelle, 1 fM, 2 fM in 1 Einstichstelle, 13 fM, 2 fM in 1 Einstichstelle, 1 fM, 2 fM in 1 Einstichstelle, 8 fM (= 36 M).

Häkelschrift 3

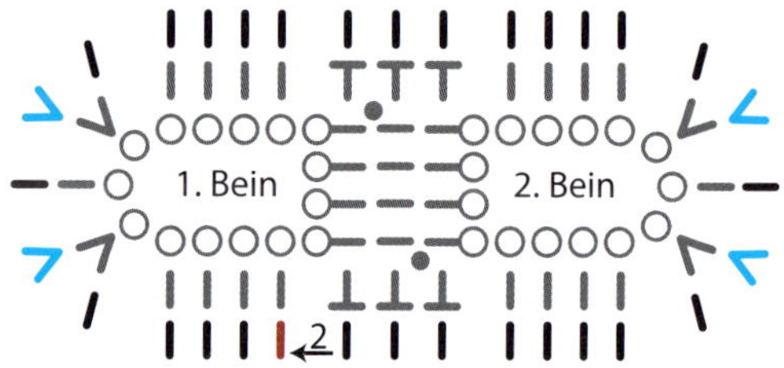

3.–8. Rd: Ohne Zun. häkeln. **9. Rd:** 8 fM, 2 M zus. abm., 16 fM, 2 M zus. abm., 8 fM (= 34 M). **10. Rd:** 8 fM, 2 M zus. abm., 15 fM, 2 M zus. abm., 7 fM (= 32 M). **11. Rd:** 7 fM, 2 M zus. abm., 14 fM, 2 M zus. abm., 7 fM (= 30 M). **12. Rd:** 7 fM, 2 M zus. abm., 13 fM, 2 M zus. abm., 6 fM (= 28 M). **13. Rd:** 6 fM, 2 M zus. abm., 12 fM, 2 M zus. abm., 6 fM (= 26 M). **14. Rd:** 6 fM, 2 M zus. abm., 11 fM, 2 M zus. abm., 5 fM (= 24 M). **15. Rd:** jede 3. und 4. M zus. abm. (= 18 M).

Sind für die Häkelfigur Augen erforderlich, diese nun zwischen der 11. und 12. Rd einsetzen. Mit dem Ausstopfen beginnen (siehe Bild 6).

16. Rd: Jede 2. und 3. M zus. abm. (= 12 M). Den Körper fertig ausstopfen (siehe Bild 7a). Der Rundenbeginn liegt auf der Rückseite und verschiebt sich pro Runde etwas. Dies erkennt man am Markierungsfaden, der bei jeder neuen Runde zur Innen- oder Außenseite gelegt wurde (siehe Bild 7b).

17. Rd: Je 2 M zus. abm. (= 6 M). Die Rd mit einer KM beenden, den Faden abschneiden und die Öffnung schließen (siehe Bild 8).

Grundmodell ohne Beine

12 LfM anschlagen. **1. Rd:** Die 1. M ab Nadel übergehen, 10 fM, 3 fM in die Anfangs-LfM. Die Arbeit drehen und die Unterseite des LfM-Anschlags (2.–11. M) mit 9 fM und 2 fM in die 1. Einstichstelle überhäkeln, die Rd mit 1 KM schließen (= 24 M). **2. Rd:** 10 fM, 1 M verdopp., 1 fM, 1 M verdopp., 9 fM, 1 M verdopp., 1 fM, 1 fM in die 1. Einstichstelle (= 28 M). **3. Rd:** 11 fM, 1 M verdopp., 1 fM, 1 M verdopp., 11 fM, 1 M verdopp., 1 fM, 1 M verdopp. (= 32 M). **4. Rd:** 12 fM, 1 M verdopp., 1 fM, 1 M verdopp., 13 fM, 1 M verdopp., 1 fM, 1 M verdopp., 1 fM (= 36 M). Für den neuen Rd-Beginn mit 7 KM zur Mitte der Längskante vorgehen und einen Markierungsfaden einlegen.

8

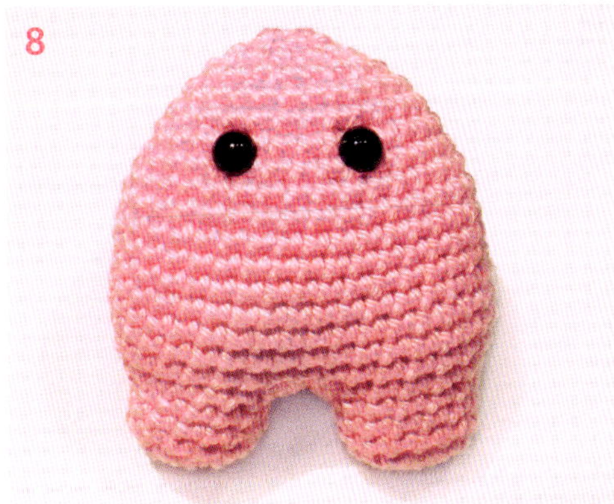

Verwendete Abkürzungen in den Anleitungen

abm.	abmaschen
arb.	arbeiten
DStb	Doppelstäbchen
fM	feste Masche(n)
hStb	halbes Stäbchen
KM	Kettmasche(n)
LfM	Luftmasche(n)
M	Masche(n)
R	Reihe(n)
Rd	Runde(n)
Stb	Stäbchen
verdopp.	verdoppeln
zus.	zusammen

Auf der Wiese

Maus • Höhe: 7,5 cm • Aufwand: 🧶
Zubehör: Käse
Schnecke • Höhe: 9,0 cm • Aufwand: 🧶🧶🧶

Material

Für die Maus

- Wolle in Hellgrau und Pink
- 2 schwarze Steckaugen, ø 6 mm
- Schnurrhaare

Für die Schnecke

- Wolle in Rotbraun und Beige
- 2 Wattekugeln, ø 15 mm
- 2 rote Steckaugen, ø 8 mm
- Wimpern

Für den Käse

- Wolle in Gelb und Orange

Außerdem

- Synthetische Füllwatte
- Wollrest in Schwarz

Grundmuster 1: Feste Maschen in Spiralrunden arbeiten, am Rundenübergang einen Faden einlegen, um ihn zu kennzeichnen. Die Maschen der 1. Runde in eine Fadenschlinge arbeiten. Um Maschen zu verdoppeln, 2 feste Maschen in 1 Einstichstelle arbeiten. Bei einem Farbwechsel bereits die letzte Masche mit der neuen Farbe abmaschen.

Grundmuster 2: Feste Maschen in hin- und hergehenden Reihen arbeiten, dabei nach jeder Reihe mit 1 zusätzlichen LfM wenden.

So wird's gemacht

Maus

Körper

In Hellgrau im Grundmuster 1 laut Grundmodell (Seite 4–7) arb. Die Augen eng nebeneinander setzen.

Ohren

Innenohr (2 x arb.)

In Pink 12 Stb in eine Fadenschlinge häkeln, dabei für das 1. Stb 2 LfM arb. Mit 1 KM in die 2. LfM schließen. Faden abschneiden. Fadenschlinge fest zusammenziehen, Fäden vernähen.

Außenohr (2 x arb.)

In Hellgrau wie das Innenohr arb., jedoch den Arbeitsfaden nicht abschneiden.
Jeweils Innen- und Außenohr aufeinanderlegen, das Innenohr liegt vorn. Beide Teile mit fM zus. häkeln, dabei stets zuerst in 1 M vom Innenohr, dann in 1 M vom Außenohr einstechen (= 1 Einstichstelle). 10 x je 2 fM in 1 Einstichstelle arb., dann je 1 KM in die letzten beiden M arb. Den Faden lang abschneiden und die Ohren mit den KM links und rechts an den Kopf nähen (siehe Foto).

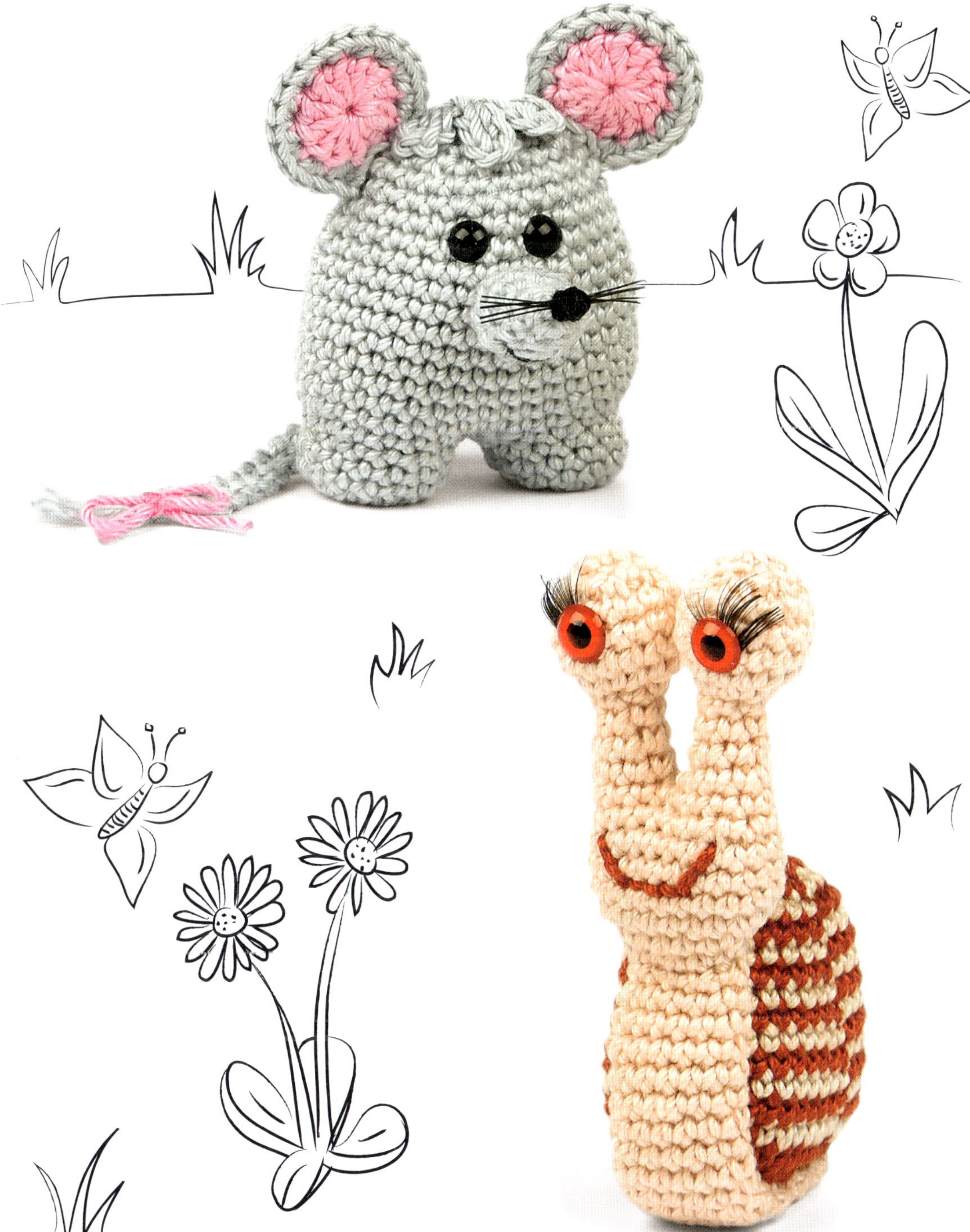

Nase

In Hellgrau im Grundmuster 1 arb. **1. Rd:** 4 fM. **2. Rd:** Jede 2. M verdopp. (= 6 M). **3. Rd:** Jede 3. M verdopp. (= 8 M). **4. Rd:** Jede 4. M verdopp. (= 10 M). **5. Rd:** Ohne Zunahmen häkeln. **8. Rd:** Jede 5. M verdopp. (= 12 M), mit 1 KM schließen. Den Arbeitsfaden lang abschneiden. Die Nasenspitze mit Schwarz aufsticken, dabei die Schnurrhaare mit befestigen (siehe Foto). Die Nase beim Annähen an den Körper leicht ausstopfen. Den Mund an der Unterseite der Nase aufsticken.

Haare

In Hellgrau 8 LfM häkeln, 1 KM in die Anfangs-LfM arb. * Weitere 8 LfM häkeln, 1 KM in die gleiche Anfangsluftmasche wie beim 1. Bogen arb, ab * noch 1 x wiederholen = 3 Bogen. Faden abschneiden und den Fixpunkt der Haar-Bogen zwischen den Ohren annähen.

Schwanz

In Hellgrau 3 Luftmaschenketten mit je 25 LfM häkeln. Für jede Luftmaschenkette am Körper neu anschlingen. Die Ketten zu einem Zopf flechten und am Ende verknoten. Die End-Fransen auf die gewünschte Länge kürzen. Um den Knoten eine pinkfarbene Schleife binden.

Käse

Käseecke (2 x arb.)

In Gelb im Grundmuster 2 arb. **1. R:** 2 LfM anschlagen, 2 fM in die 2. M von der Nadel aus (= 2 M). **2. R:** Ohne Zunahmen häkeln. **3. R:** Jede M verdopp. (= 4 M). **4. R:** Ohne Zunahmen häkeln. **5. R:** 1 M verdopp., 2 fM, 1 M verdopp. (= 6 M). **6. R:** Ohne Zunahmen häkeln. **7. R:** 1 M verdopp., 4 fM, 1 M verdopp. (= 8 M). **8. R:** Ohne Zunahmen häkeln. **9. R:** 1 M verdopp., 6 fM, 1 M verdopp. (= 10 M). **10. R:** 2 M zus. abm., 6 fM, 2 M zus. abm. (= 8 M). **11. R:** Ohne Abnahmen häkeln. **12. R:** 2 M zus. abm., 4 fM, 2 M zus. abm. (= 6 M). **13. R:** Ohne Abnahmen häkeln. **14. R:** 2 M zus. abm., 2 fM, 2 M zus. abm. (= 4 M). **15. R:** Ohne Abnahmen häkeln. **16. R:** Je 2 M zus. abm. (= 2 M). **17. R:** 2 M zus. abm. (= 1 M). Faden lang abschneiden.

Die beiden Käseecken so zusammennähen, dass eine dreiseitige Pyramide entsteht, dabei fest ausstopfen.

Käselöcher (4 x arb.)

In Orange 6 fM in eine Fadenschlinge häkeln, mit

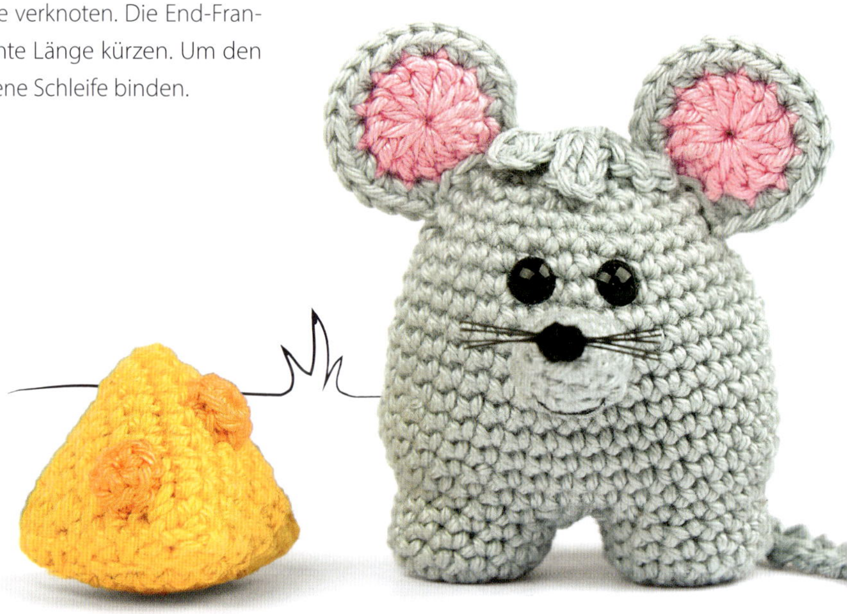

1 KM schließen, Fadenschlinge fest zusammenziehen. Faden lang abschneiden und die Käselöcher beliebig verteilt auf den Käse nähen.

Schnecke

Schneckenhaus

Den Boden in Rotbraun laut Grundmodell ohne Beine (Seite 7) arb. Dann im Grundmuster 1 laut Grundmodell (Seite 6–7) weiterarb., dafür mit der 3. Rd des Körpers beginnen, die 3. und 4. Rd in Rotbraun häkeln, dann abwechselnd je 1 Rd in Beige und Rotbraun arb. Keine Augen einsetzen.

Körper und Kopf mit Augen

In Beige laut Grundmuster 1 arb. **1. Rd:** 5 fM. **2. Rd:** Jede M verdopp. (= 10 M). **3. Rd:** Ohne Zunahmen häkeln. **4. Rd:** Jede 5. M verdopp. (= 12 M). **5.–26. Rd:** Ohne Zunahmen häkeln.
Jetzt den Kopf arb. **27. Rd:** 3 M verdopp., 3 fM, 3 M verdopp., 3 fM (= 18 M). **28. Rd:** * 2 fM, 2 M verdopp., 5 fM, ab * insgesamt 2 x arb. (= 22 M). **29.–31. Rd:** Ohne Zunahmen häkeln. **32. Rd:** * 2 fM, 2 x 2 M zus. abm., 5 fM, ab * insgesamt 2 x arb. (= 18 M). Den Körper flach drücken und am Übergang zum Kopf zusammennähen. Den Kopf leicht ausstopfen.

2 Fühler mit Augen über je 9 M anhäkeln: **33. Rd:** 4 fM häkeln, dann auf die andere Seite wechseln und noch 5 fM arb. (= 9 M). **34. Rd:** Ohne Abnahmen häkeln. **35. Rd:** 2 M zus. abm., 2 fM, 2 M zus. abm., 3 fM (= 7 M). **36.–37. Rd:** Ohne Abnahmen häkeln. **38. Rd:** Jede M verdopp. (= 14 M). **39. Rd:** Jede 7. M verdopp. (= 16 M). **40.–41. Rd:** Ohne Zunahmen häkeln. Den Augenhals ausstopfen und eine Wattekugel einsetzen. **42. Rd:** Jede 3. und 4. M zus. abm. (= 12 M). **43. Rd:** Je 2 M zus. abm. (= 6 M). Den Arbeitsfaden abschneiden und die Öffnung schließen. Zwischen der 40. und 41. Rd das Steckauge einsetzen und festkleben, dabei die Wimpern hinter dem Auge mit ankleben. Den 2. Fühler über die restlichen 9 M ebenso arb.

Fertigstellen: Den Mund in Rotbraun aufsticken (siehe Foto). Den flachgedrückten Körper mit dem Schneckenhaus zusammennähen.

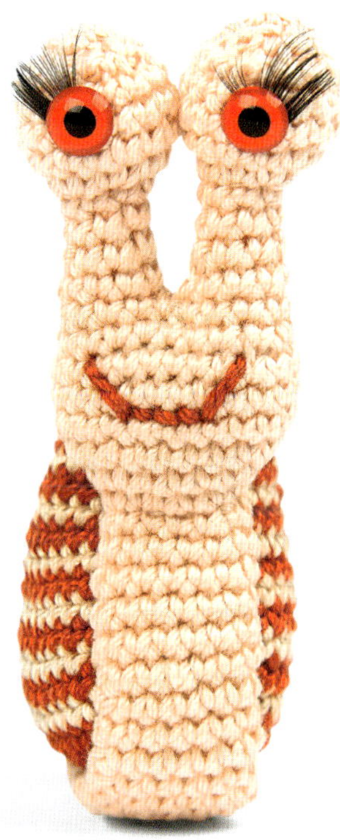

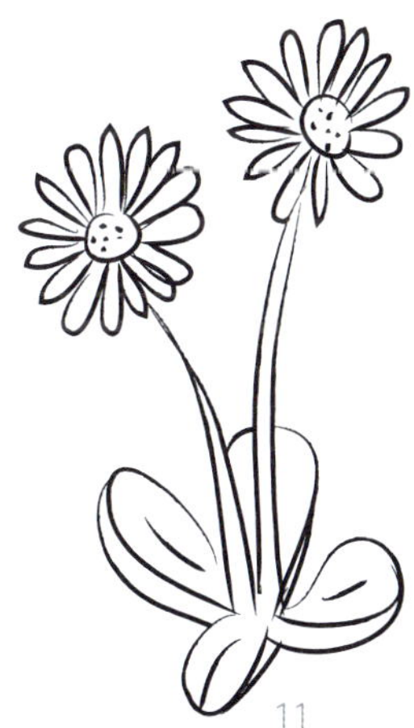

Besuch vom Mars

Ufo • Höhe: 7,0 cm, ø 8,0 cm • Aufwand:

Außerirdischer • Höhe: 8,5 cm • Aufwand:

Material

Für das Ufo

- Wolle in Orange, Grau, Hellgelb, Braun
- Je 2 Knöpfe in Fuchsia, Gelb und Blau, ø 1,5 cm

Für den Außerirdischen

- Wolle in Orange, Hellgelb, Schwarz
- Je 1 Steckauge in Rot und Grün, ø 8 mm
- 1 Steckauge in Blau, ø 10 mm
- Je Antenne ein 2-Cent-Stück

Außerdem

- Synthetische Füllwatte
- Chenilledraht

Grundmuster 1: Feste Maschen in Spiralrunden arbeiten, am Rundenübergang einen Faden einlegen, um ihn zu kennzeichnen. Die Maschen der 1. Runde in eine Fadenschlinge arbeiten. Um Maschen zu verdoppeln, 2 feste Maschen in 1 Einstichstelle arbeiten.

Grundmuster 2: Feste Maschen in Runden arbeiten. Jede Runde mit 1 Luftmasche als Ersatz für die 1. feste Masche beginnen und mit 1 Kettmasche in die Ersatz-Luftmasche schließen. Um Maschen zu verdoppeln, 2 feste Maschen in 1 Einstichstelle arbeiten.

Bei einem Farbwechsel bereits die letzte Masche mit der neuen Farbe abmaschen.

So wird's gemacht

Ufo

Düsen (4 x arb.)

In Braun im Grundmuster 1 arb. **1. Rd:** 6 fM. **2. Rd:** Jede M verdopp. (= 12 M). **3. Rd:** Jede 3. M verdopp. (= 16 M). **4. und 5. Rd:** Ohne Zunahmen häkeln. Arbeitsfaden abschneiden, vernähen.

Jeweils 2 Düsen miteinander verbinden, siehe auch Häkelschrift 1: **1. R:** 4 fM auf Düse Nr. 2 häkeln, dabei von innen nach außen einstechen, mit 1 LfM wenden. **2. R:** 4 fM, mit 1 LfM wenden. **3. R:** 4 fM, dabei Düse Nr. 1 mitfassen, sodass beide Düsen durch einen Steg verbunden sind. Bei Düse Nr. 3 und 4 ebenso arb.

Häkelschrift 1

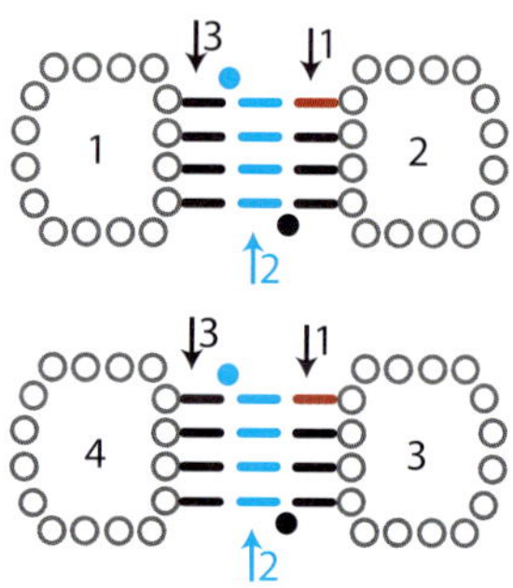

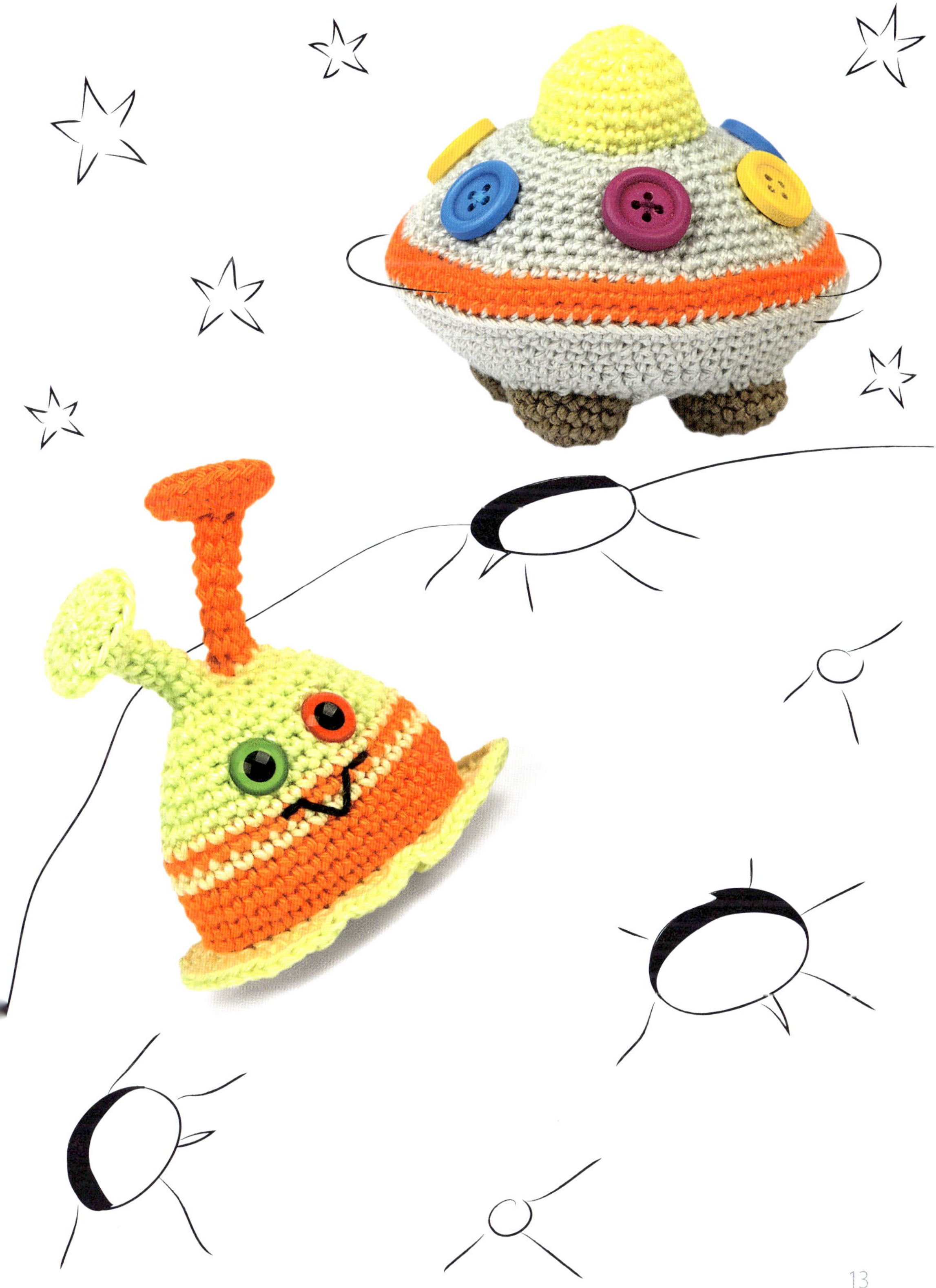

Die beiden Düsenhälften miteinander verbinden, siehe auch Häkelschrift 2: **4. R:** 4 fM auf Düse Nr. 3 häkeln, dabei von innen nach außen einstechen, 3 fM in den Steg, 4 fM auf Düse Nr. 4 häkeln, mit 1 LfM wenden. **5. R:** 11 fM, mit 1 LfM wenden. **6. R:** 11 fM, dabei Düse Nr. 2 und 1 über je 4 fM mitfassen, dazwischen 3 fM in den Steg arb. Arbeitsfaden abschneiden, vernähen.

Häkelschrift 2

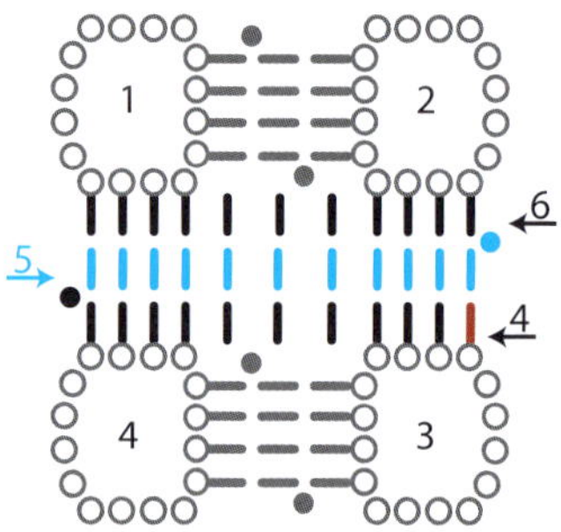

Ufokörper

In Grau im Grundmuster 2 wie folgt weiterhäkeln: **1. Rd:** * In die jeweils 8 übrigen fM der Düse 3 fM, 2 x 2 fM verdopp., 3 fM häkeln. In den Steg 3 Stb arb., ab * insgesamt 4 x arb. (=52 M). **2. Rd:** * 1 hStb, 8 fM, 1 hStb, in den Steg 1 hStb, 2 hStb in 1 Einstichstelle, 1 hStb, ab * insgesamt 4 x arb. (= 56 M). **3. Rd:** In jede fM der Vorrunde 1 fM und in jedes hStb der Vorrunde 1 hStb häkeln. Im Folgenden nur noch fM arb. **4. Rd:** Ohne Zunahmen häkeln. **5. Rd:** Jede 7. M verdopp. (= 64 M). **6. Rd:** Jede 8. M verdopp. (= 72 M). **7. Rd:** Jede 9. M verdopp. (= 80 M). In Orange weiterhäkeln. **8. Rd:** Ohne Zunahmen häkeln, dabei nur in das hintere Maschenglied einstechen. **9. Rd:** Ohne Zunahmen häkeln. In Grau weiterhäkeln. **10. Rd:** Jede 9. und 10. M zus. abm., dabei nur in das hintere

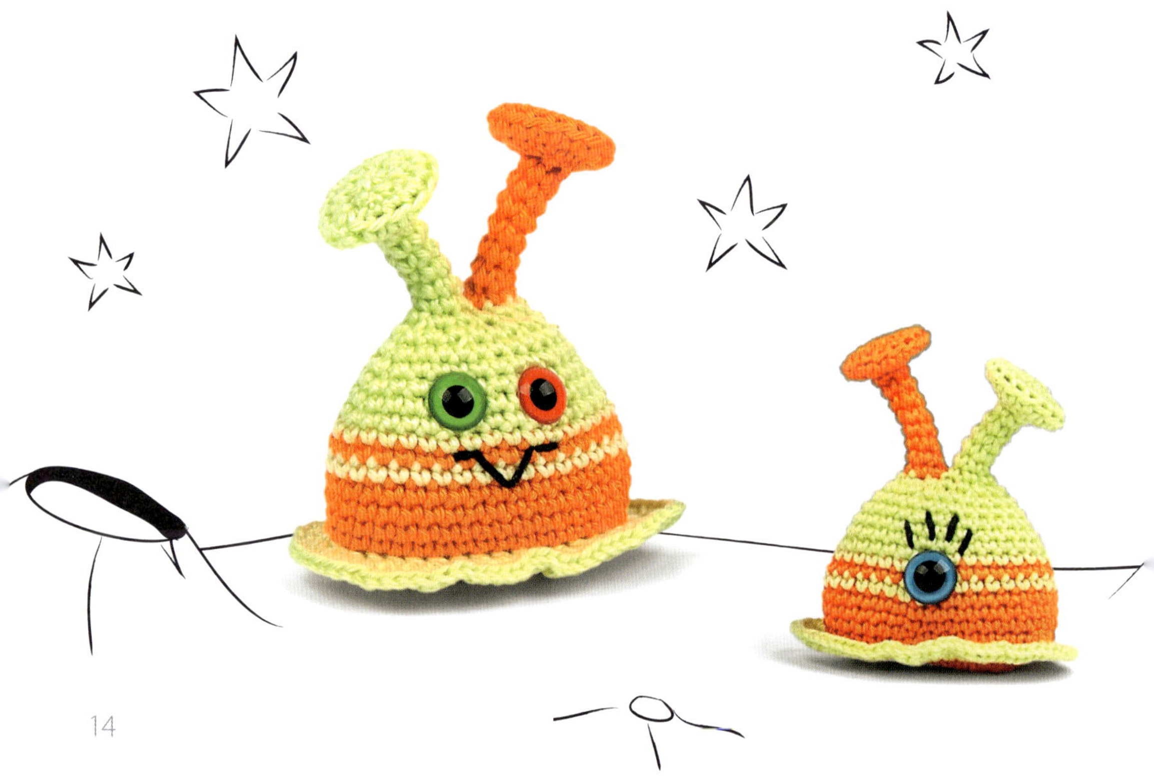

Maschenglied einstechen (= 72 M). **11. Rd:** Jede 8. und 9. M zus. abm. (= 64 M). Jetzt den unteren Teil des Ufo ausstopfen. In den orangen Ring eine Scheibe von Pappe (ø 8 cm) einlegen. Dies dient der Stabilität des Ufos. **12. Rd:** Jede 7. und 8. M zus. abm. (= 56 M). **13. Rd:** Ohne Abnahmen häkeln. **14. Rd:** Jede 6. und 7. M zus. abm. (= 48 M). **15. Rd:** Ohne Abnahmen häkeln. **16. Rd:** Jede 5. und 6. M zus. abm. (= 40 M). **17. Rd:** Ohne Abnahmen häkeln. **18. Rd:** Jede 4. und 5. M zus. abm. (= 32 M). **19. Rd:** Jede 3. und 4. M zus. abm. (= 24 M). In Hellgelb weiterhäkeln. **20. Rd:** Ohne Abnahmen häkeln, dabei nur in das vordere Maschenglied einstechen. **21.–23. Rd:** Ohne Abnahmen häkeln. Das Ufo weiter ausstopfen. **24. Rd:** Jede 3. und 4. M zus. abm. (= 18 M). **25. Rd:** Jede 2. und 3. M zus. abm. (= 12 M). **26. Rd:** Je 2 M zus. abm. (= 6 M). Ufo fertig ausstopfen. Den Arbeitsfaden lang abschneiden, durch die M der letzten Rd führen und die Öffnung fest zusammenziehen. Faden vernähen.

Fertigstellen: Als Fenster 6 Knöpfe laut Foto annähen.

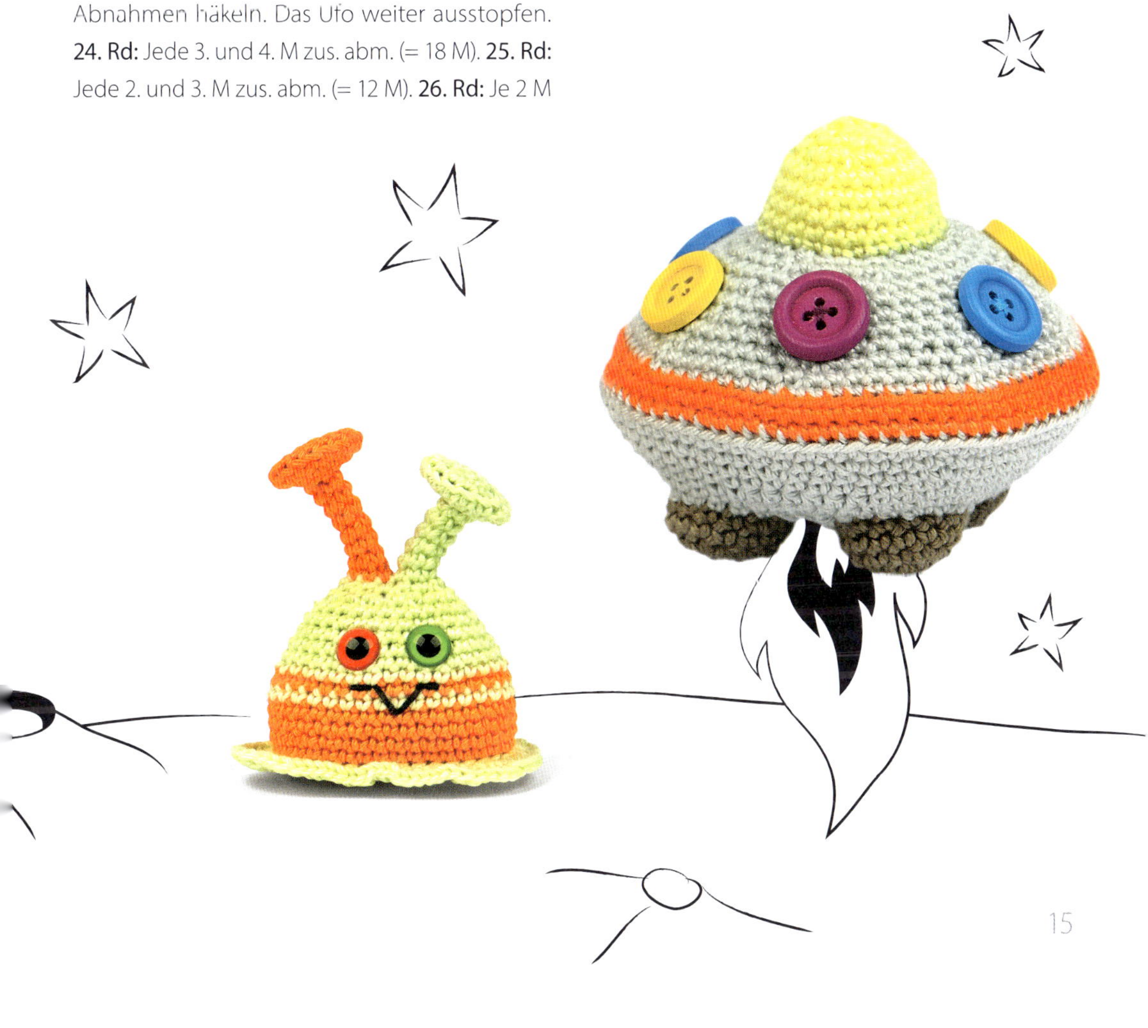

Außerirdischer

Körper

Den Boden in Orange laut Grundmodell ohne Beine (Seite 7) arb. Dann im Grundmuster 1 laut Grundmodell (Seite 6–7) weiterarb., dafür mit der 3. Rd des Körpers beginnen, die 3.–6. Rd in Orange häkeln, dann je 1 Rd in Hellgelb und Orange arb., danach in Hellgelb weiterhäkeln und nach der 16. Rd enden (= 12 M). An einer Seite die kleinen Augen laut Grundmodell einsetzen, auf der anderen das große Auge zwischen der 7. und 8. Rd mittig einsetzen. Den Körper ausstopfen. Den Arbeitsfaden nicht abschneiden.

Antennen (2 x arb.)

Die 1. Antenne auf die 16. Rd des Körpers in Hellgelb arb. Dafür ab Rd-Beginn 2 M häkeln, auf die andere Seite wechseln und 4 M bis Rd-Ende häkeln (= 6 M). **1.–5. Rd:** 6 fM. **6. Rd:** Jede M verdopp., dabei nur in das vordere Maschenglied einstechen (= 12 M). **7. Rd:** Jede 2. M verdopp. (= 18 M). **8. Rd:** 18 fM, dabei nur in das hintere Maschenglied einstechen. In die Antenne ein Stück Chenilledraht einsetzten, dann das 2-Cent-Stück einlegen. **9. Rd:** Je 2 M zus. abm. (= 9 M). Arbeitsfaden lang abschneiden, durch die M der letzten Rd führen und die Öffnung fest zusammenziehen. Faden vernähen.

Die 2. Antenne in Orange über die restlichen 6 M des Körpers ebenso arb., jedoch zu Beginn anstelle von 5 hier 8 Rd ohne Zunahmen arb.

Fuß

Den Körper so halten, dass die Augen nach unten zeigen. Seitlich am Körper vor der 3. Rd des Grundmodells in Hellgelb neu anschlingen und ringsum 1 Rd mit 36 fM häkeln. Die Rd mit 1 KM schließen. Die fM wie folgt behäkeln: 5 x je 2 hStb in 1 Einstichstelle, 2 x je 2 Stb in 1 Einstichstelle, 2 x je 2 DStb in 1 Einstichstelle, 3 x je 2 Stb in 1 Einstichstelle, 5 x je 2 hStb in 1 Einstichstelle, 2 x je 2 Stb in 1 Einstichstelle, 2 x je 2 DStb in 1 Einstichstelle, 2 x je 2 Stb in 1 Einstichstelle, 4 x je 2 hStb in 1 Einstichstelle, 2 x je 2 Stb in 1 Einstichstelle, 2 x je 2 DStb in 1 Einstichstelle, 3 x je 2 Stb in 1 Einstichstelle, 2 x je 2 hStb in 1 Einstichstelle. Den Arbeitsfaden abschneiden und vernähen.

Fertigstellen: Unter dem Augenpaar einen Mund und über dem Einzelauge Wimpern in Schwarz aufsticken.

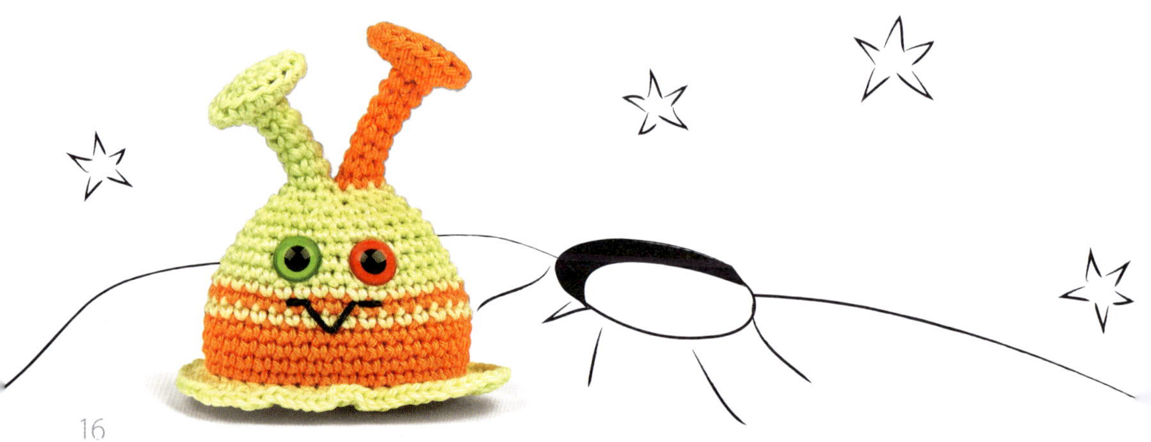

Aber bitte mit Sahne

Erdbeer-Sahne-Muffin • Höhe: 6,5 cm, ø 5,5 cm • Aufwand: 🧶🧶
Vanille-Muffin • Höhe: 4,5 cm, ø 5,0 cm • Aufwand: 🧶

Material

Für das Erdbeer-Sahne-Muffin

- Wolle in Dunkelbraun, Rot und Weiß

Für das Vanille-Muffin

- Wolle in Hellbraun und Zartgelb
- Stab-Rocailles in verschiedenen Farben

Außerdem

- Synthetische Füllwatte

Grundmuster 1: Feste Maschen in Spiralrunden arbeiten, am Rundenübergang einen Faden einlegen, um ihn zu kennzeichnen. Die Maschen der 1. Runde in eine Fadenschlinge arbeiten. Um Maschen zu verdoppeln, 2 feste Maschen in 1 Einstichstelle arbeiten. Bei einem Farbwechsel bereits die letzte Masche mit der neuen Farbe abmaschen.

Grundmuster 2: Feste Maschen und halbe Stäbchen laut Anleitung in hin- und hergehenden Reihen arbeiten, dabei stets die 1. fM einer Reihe durch 1 Luftmasche, das 1. halbe Stäbchen durch 2 Luftmaschen ersetzen. In der 1. Reihe nach einem Farbwechsel alle Maschen nur in das hintere Maschenglied arbeiten.

So wird's gemacht

Boden

Beide Muffins: In Dunkel- bzw. Hellbraun im Grundmuster 1 arb. **1. Rd:** 6 fM. **2. Rd:** Jede M verdopp. (= 12 M). **3. Rd:** Jede 2. M verdopp. (= 18 M). **4. Rd:** Jede 3. M verdopp. (= 24 M). **5. Rd:** Jede 4. M verdopp. (= 30 M). **6. Rd:** Ohne Zunahmen häkeln, dabei stets in das hintere Maschenglied einstechen. **7. Rd:** Jede 5. M verdopp. (= 36 M). **8.–9. Rd:** Ohne Zunahmen häkeln. **10. Rd:** Jede 6. M verdopp. (= 42 M). **11.–13. Rd:** Ohne Zunahmen häkeln.

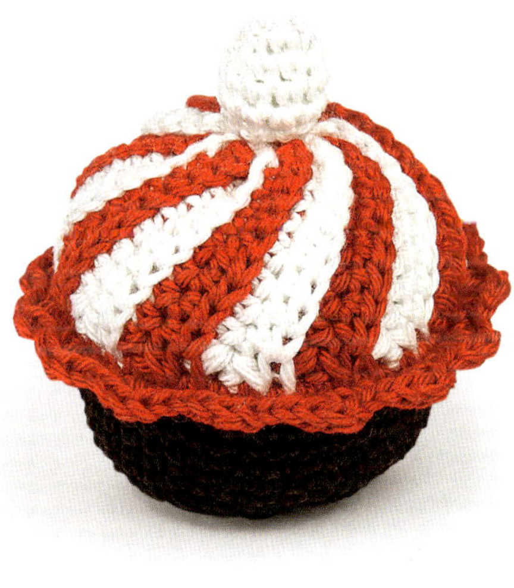

Für den Erdbeer-Sahne-Muffin hier enden und das Oberteil separat häkeln. Für den Vanille-Muffin wie rechts beschrieben in Zartgelb weiterhäkeln.

Oberteil (Erdbeer-Sahne-Muffin)

Im Grundmuster 2 arb. Mit Rot 11 LfM + 2 Wende-LfM anschlagen. **1. R:** 5 hStb, 6 fM. **2. R:** 2 fM in 1 Einstichstelle, 4 fM, 4 hStb, 2 hStb zus. abm. **3. R:** In Weiß weiterhäkeln. 2 hStb zus. abm., 4 hStb, 4 fM, 2 fM in 1 Einstichstelle. **4. R:** 2 fM in die 1. fM, 4 fM, 4 hStb, 2 hStb zus. abm.

Die 3. und 4. R fortlaufend wiederholen, dabei in jeder 3. Muster-R die Farbe wechseln, sodass insgesamt 7 weiße und 7 rote Abschnitte entstehen, dann enden. Den Arbeitsfaden lang abschneiden. Letzte R an die Anschlagkante nähen. Das Fadenende durch die fM an der kürzeren Kante fädeln, fest zusammenziehen und vernähen.

Die Kante mit den hStb und die letzte Rd des Muffinbodens mit fM zusammenhäkeln. Dafür in Rot anschlingen, um 1 hStb der Kante und in das vorn liegende M-Glied einer Boden-M einstechen und 1 fM arb. Beim weiteren Zusammenhäkeln pro Farbstreifen 3 x und in jede Boden-M 1 x einstechen, es ergeben sich 42 fM in Rot. Während die beiden Teile miteinander verbunden werden, den Muffin ausstopfen. Die Runde mit 1 KM schließen.

Für die Zierkante auf die roten fM 1 Rd wie folgt häkeln: *1 fM, 1 hStb + 1 Stb + 1 hStb in 1 Einstichstelle, 1 fM, ab * insgesamt 14 x arb., mit 1 KM in die 1. fM enden.

Sahnehaube

In Weiß im Grundmuster 1 arb.: **1. Rd:** 5 fM. **2. Rd:** Jede M verdopp. (=10 M). **3.–4. Rd:** Ohne Zunahmen häkeln. **5. Rd:** Jede 4. und 5. M zus. abm. (= 8 M). **6. Rd:** Jede 2. M übergehen (= 4 M). Den Arbeitsfaden lang abschneiden. Die Kugel ausstopfen und auf das Oberteil nähen.

Oberteil (Vanille-Muffin)

In Zartgelb im Grundmuster 1 arb. **1. und 2. Rd:** 42 fM. **3. Rd:** Jede 6. und 7. M zus. abm. (= 36 M). **4. Rd:** Ohne Abnahmen häkeln. **5. Rd:** Jede 5. und 6. M zus. abm. (= 30 M). **6. Rd:** Jede 4. und 5. M zus. abm. (= 24 M). **7. Rd:** Jede 3. und 4. M zus. abm. (= 18 M). Nun mit dem Ausstopfen des Muffins beginnen. **8. Rd:** Jede 2. und 3. M zus. abm. (= 12 M). **9. Rd:** Je 2 M zus. abm. (= 6 M). Den Arbeitsfaden lang abschneiden. Muffin fertig ausstopfen und Öffnung schließen.

An der letzten Rd des Muffinbodens in Zartgelb anschlingen und 1 Rd fM aufhäkeln (= 42 M). Darauf 1 Rd Mäusezähnchen wie folgt arb.: * 1 KM, 3 LfM + 1 fM in die 1. LfM, 1 KM, ab * insgesamt 21 x arb. Als Deko die Stab-Rocailles beliebig verteilt auf das Oberteil nähen.

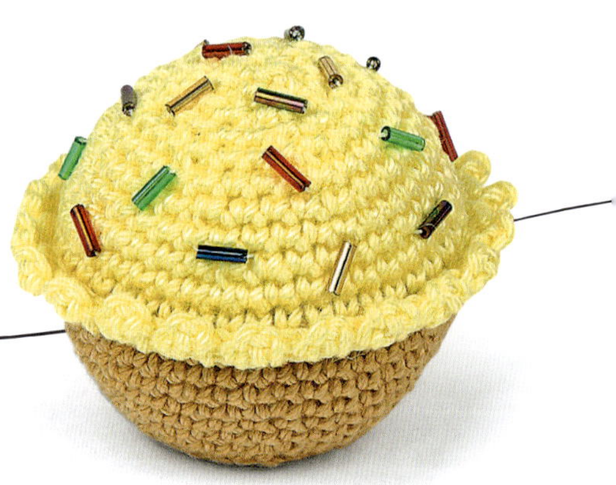

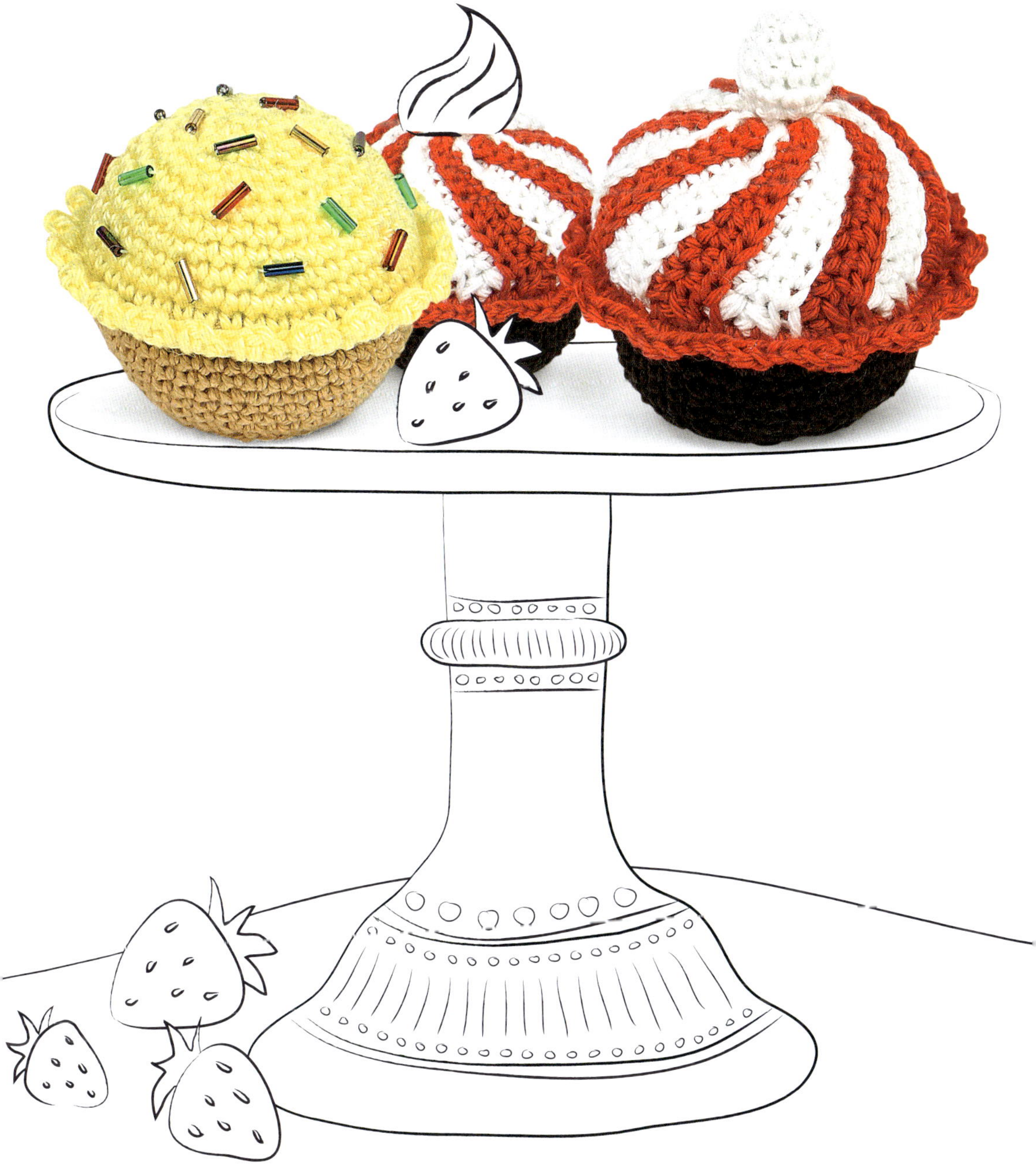

Paradiesische Vögel

Roter Papagei • Höhe: 7,0 cm • Aufwand:

Blauer Papagei • Höhe: 7,5 cm • Aufwand:

Material

Für den roten Papagei

- Wolle in Rot, Hellgrau, Gelb, Natur und Blau
- 2 schwarze Steckaugen, ø 5 mm

Für den blauen Papagei

- Wolle in Blau, Hellgelb, Orange, Rot und Hellgrün
- 2 schwarze Steckaugen, ø 6 mm

Außerdem

- Synthetische Füllwatte

Grundmuster 1: Feste Maschen in Spiralrunden arbeiten, am Rundenübergang einen Faden einlegen, um ihn zu kennzeichnen. Die Maschen der 1. Runde in eine Fadenschlinge arbeiten. Um Maschen zu verdoppeln, 2 feste Maschen in 1 Einstichstelle arbeiten. Bei einem Farbwechsel bereits die letzte Masche mit der neuen Farbe abmaschen.

Grundmuster 2: Feste Maschen in hin- und hergehenden Reihen arbeiten, dabei nach jeder Reihe mit 1 zusätzlichen Luftmasche wenden.

So wird's gemacht

Roter Papagei

Augenringe (2 x arb.)

In Natur in eine Fadenschlinge 1 fM, 1 hStb, 3 Stb, 1 hStb und 2 fM arb., mit 1 KM schließen. Den Faden lang abschneiden.

Körper

Im Grundmuster 1 laut Grundmodell (Seite 4–7) arb., dabei jeweils die 1.–5. Rd der Beine in Hellgrau häkeln, danach in Rot weiterhäkeln. Die Augen jeweils durch die Mitte der Augenringe stecken und zwischen der 12. und 13. Rd einsetzen. Augenringe ringsum mit dem Endfaden am Körper festnähen.

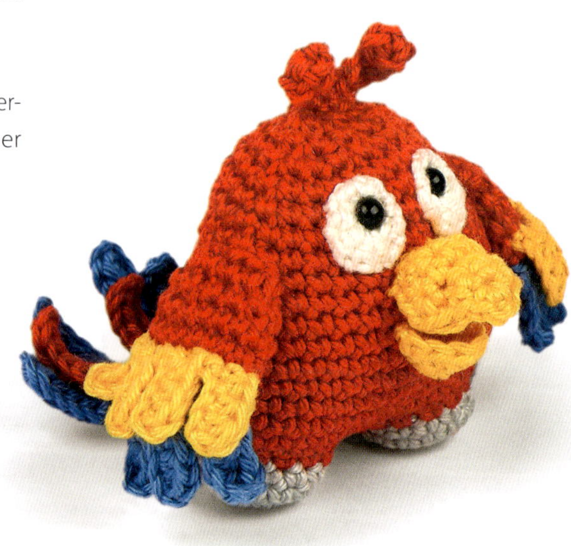

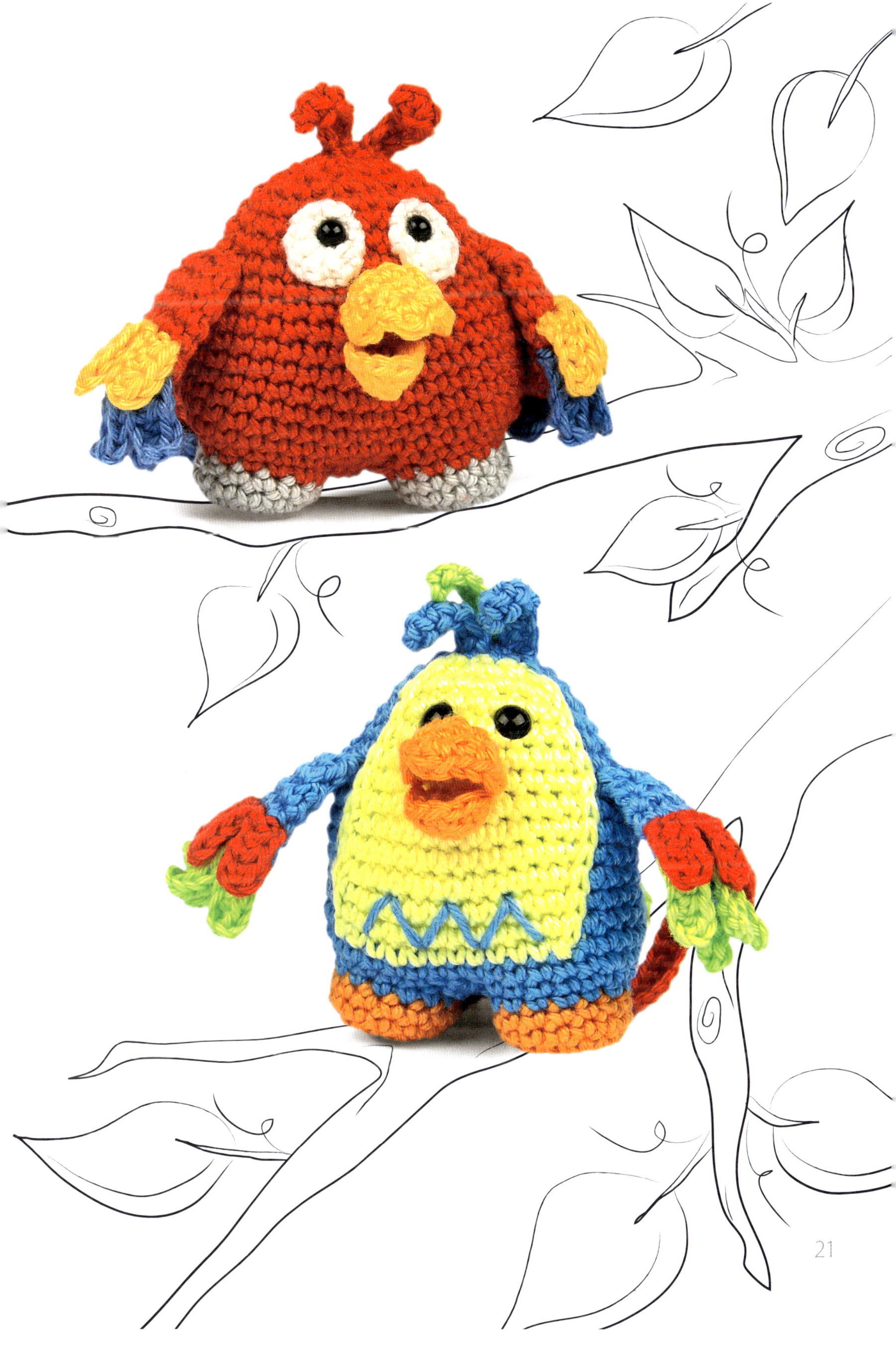

Schnabel

In Gelb im Grundmuster 2 arb. Der Schnabel besteht aus einem oberen und einem unteren Teil. Für den **oberen Teil** 2 LfM anschlagen. **1. R:** 2 fM in die 1. LfM. **2. R:** Jede M verdopp. (= 4 M). **3. R:** 1 M verdopp., 2 fM, 1 M verdopp. (= 6 M). **4. R:** 1 M verdopp., 4 fM, 1 M verdopp. (= 8 M). Die Seitenränder mit fM umhäkeln, dabei in die Spitze 1 fM + 1 Stb + 1 fM arb. Den Arbeitsfaden lang abschneiden. Das Oberteil des Schnabels an den Kopf nähen.

Für den **unteren Teil** 2 LfM anschlagen. **1. R:** 2 fM in die 1. LfM. **2. R:** Jede M verdopp. (= 4 M). **3. R:** 1 fM, 1 M verdopp., 2 fM (= 5 M). Die Seitenränder mit fM umhäkeln, dabei in die Spitze 3 fM arb. Den Arbeitsfaden lang abschneiden. Das Unterteil des Schnabels unter dem Oberteil an den Kopf nähen (siehe Foto).

Flügel (2 x arb.)

In Rot im Grundmuster 1 arb. Die Flügel von unten nach oben häkeln. **1. Rd:** 6 fM. **2. Rd:** Jede M verdopp. (= 12 M). **3. Rd:** Jede 4. M verdopp. (= 15 M). **4.–5. Rd:** Ohne Zunahmen häkeln. **6. Rd:** Jede 4. und 5. M zus. abm. (= 12 M). **7. Rd:** Jede 3. und 4. M zus. abm. (= 9 M). Den Flügel flach drücken und die offenen Kanten mit 4 fM zus. häkeln. Den Arbeitsfaden lang abschneiden. Vor dem Annähen am Körper die bunten Federn aufhäkeln.

Blaue Federn zwischen 3. und 4. Flügel-Rd einarb.: * 1 fM auf den Flügel häkeln, 6 LfM, die 4.–1. LfM mit hStb behäkeln, 1 fM auf den Flügel häkeln, ab * insgesamt 4 x arb.

Gelbe Federn zwischen 4. und 5. Flügel-Rd einarb. * 1 fM auf den Flügel häkeln, 5 LfM, die 3.–1. LfM mit hStb behäkeln, 1 fM auf den Flügel häkeln, ab * insgesamt 4 x arb.

Schwanz

In Rot im Grundmuster 1 arb. **1. Rd:** 6 fM. **2. Rd:** Jede M verdopp. (= 12 M). **3.–5. Rd:** Ohne Zunahmen häkeln. **6. Rd:** Jede 3. und 4. M zus. abm. (= 9 M). Den Schwanz flach drücken und die offenen Kanten mit 4 fM zus. häkeln. Den Arbeitsfaden lang abschneiden. Vor dem Annähen am Körper die bunten Federn aufhäkeln.

Untere blaue Federn zwischen der 3. und 4. Schwanz-Rd einarb. * 1 fM auf den Schwanz häkeln, 16 LfM , die 14.–1. LfM mit hStb behäkeln, 1 fM auf den Schwanz häkeln, ab * insgesamt 3 x arb.

Mittlere blaue Federn zwischen der 4. und 5. Schwanz-Rd einarbeiten. * 1 fM auf den Schwanz häkeln, 14 LfM, die 12.–1. LfM mit hStb behäkeln, 1 fM auf den Schwanz häkeln, ab * insgesamt 3 x arb.

Rote Federn zwischen 5. und 6. Schwanz-Rd einarb. * 1 fM auf den Schwanz häkeln, 12 LfM, die 10.–1. LfM mit hStb behäkeln, 1 fM auf den Schwanz häkeln, ab * insgesamt 3 x arb.

Den Schwanz am Rücken oben und unten festnähen.

Kopf-Federn

In Rot arb. 7 LfM anschlagen und die 6.–1. LfM mit fM behäkeln. 6 LfM anschlagen und die 5.–1. LfM mit fM behäkeln. Den Arbeitsfaden jeweils abschneiden. Die Kopf-Federn in Kopfmitte annähen (siehe Foto).

Blauer Papagei

Körper

Im Grundmuster 1 laut Grundmodell (Seite 4–7) bis zur 3. Körper-Rd arb., dabei jeweils die 1.–5. Rd der Beine in Orange, die 6. Bein-Rd und den Steg sowie die 1. und 2. Körper-Rd in Blau häkeln. Danach abwechselnd in Blau und Hellgelb wie nachfolgend beschrieben weiterhäkeln: **3.–4. Rd:** In Blau 12 fM, in Hellgelb 12 fM, in Blau 12 fM häkeln (= 36 M). **5.–8. Rd:** In Blau 11 fM, in Hellgelb 13 fM, in Blau 12 fM (= 36 M). **9. Rd:** In Blau 8 fM, 2 M zus. abm., 2 fM, in Hellgelb 12 fM, in Blau 2 fM, 2 M zus. abm., 8 fM (= 34 M). **10. Rd:** In Blau 8 fM, 2 M zus. abm., 1 fM, in Hellgelb 12 fM, in Blau 2 fM, 2 M zus. abm., 7 fM (= 32 M). **11. Rd:** In Blau 7 fM, 2 M zus. abm., 2 fM, in Hellgelb 10 fM, in Blau 2 fM, 2 M zus. abm., 7 fM (= 30 M). **12. Rd:** In Blau 7 fM, 2 M zus. abm., 2 fM, in Hellgelb 9 fM, in Blau 2 fM, 2 M zus. abm., 6 fM (= 28 M). **13. Rd:** In Blau 6 fM, 2 M zus. abm., 2 fM, in Hellgelb 9 fM, in Blau 1 fM, 2 M zus. abm., 6 fM (= 26 M). **14. Rd:** In Blau 6 fM, 2 M zus. abm., 2 fM, in Hellgelb 7 fM, in Blau 2 fM, 2 M zus. abm., 5 fM (= 24 M). **15. Rd:** In Blau 2 fM, 2 M zus. abm., 2 fM, 2 M zus. abm., 2 fM, in Hellgelb 2 M zus. abm., 2 fM, 2 M zus. abm., in Blau 2 fM, 2 M zus. abm., 2 fM, 2 M zus. abm. (= 18 M). **16.–17. Rd:** In Blau wieder laut Grundmodell häkeln. Die Augen zwischen der 12. und 13. Rd einsetzen. Die Begrenzung des hellgelben Bauches mit KM umhäkeln.

Schnabel

In Orange wie für den roten Papagei häkeln.

Flügel (2 x arb.)

In Blau wie für den roten Papagei häkeln, jedoch die Federn 1 x Hellgrün und 1 x Rot arb.

Schwanz

In Blau wie für den roten Papagei häkeln, dabei die unteren Federn in Rot, die mittleren in Hellgrün und die oberen in Blau arb.

Kopf-Federn

7 LfM in Blau anschlagen und die 6.–1. LfM mit fM behäkeln. 6 LfM in Blau anschlagen und die 5.–1. LfM mit fM behäkeln. 7 LfM in Hellgrün anschlagen und die 6.–1. LfM mit fM behäkeln. Den Arbeitsfaden jeweils abschneiden. Die Kopf-Federn in Kopfmitte annähen.

Fertigstellen: Auf dem Bauch ein Zick-Zack-Muster in Blau aufsticken (siehe Foto).

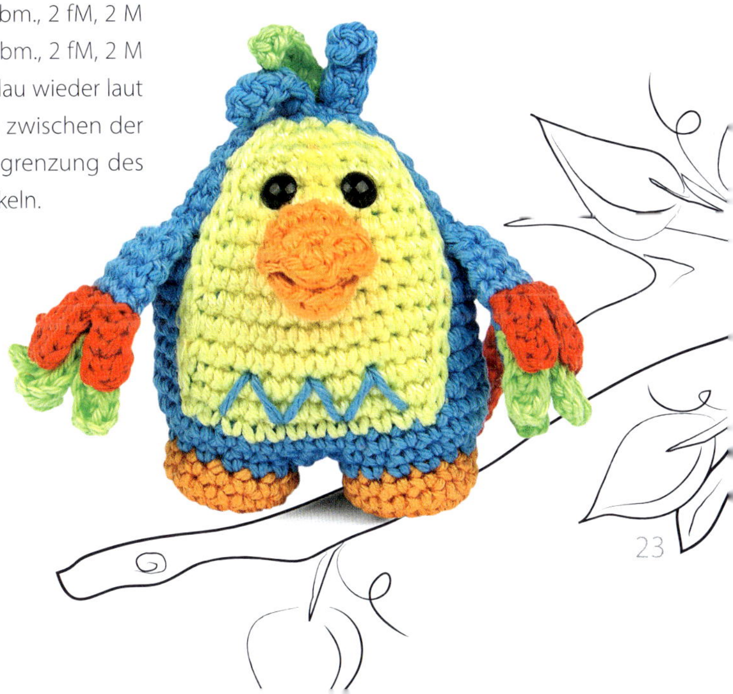

Wilde Gesellen

Krokodil • Höhe: 7,5 cm • Aufwand: 3/3

Löwe • Höhe: 7,0 cm • Aufwand: 2/3

Material

Für das Krokodil

- Wolle in Grün und Weiß
- 2 gelbe Steckaugen, ø 8 mm

Für den Löwen

- Wolle in Orange, Beige und Rotbraun
- 2 schwarze Steckaugen, ø 6 mm

Außerdem

- Synthetische Füllwatte
- Wollrest in Schwarz

Grundmuster 1: Feste Maschen in Spiralrunden arbeiten, am Rundenübergang einen Faden einlegen, um ihn zu kennzeichnen. Die Maschen der 1. Runde in eine Fadenschlinge arbeiten. Um Maschen zu verdoppeln, 2 feste Maschen in 1 Einstichstelle arbeiten.

Grundmuster 2: Feste Maschen in hin- und hergehenden Reihen arbeiten, dabei nach jeder Reihe mit 1 zusätzlichen Luftmasche wenden.

So wird's gemacht

Krokodil

Körper

In Grün im Grundmuster 1 laut Grundmodell (Seite 4–7) arb.

Maul

In Grün im Grundmuster 1 arb. **1. Rd:** 6 fM. **2. Rd:** Jede M verdopp. (= 12 M). **3. Rd:** Jede 3. M verdopp. (= 16 M). **4. Rd:** 6 fM, für die 1. Nasen-Noppe 3 DStb in 1 Einstichstelle und zus. abm., 2 fM, für die 2. Nasen-Noppe 3 DStb in 1 Einstichstelle und zus. abm., 6 fM häkeln. **5.–6. Rd:** 16 fM. **7. Rd:** 6 fM, 2 x 2 M zus. abm., 6 fM (= 14 M). **8. Rd:** 5 fM, 2 x 2 M zus. abm., 5 fM (= 12 M). **9.–10. Rd:** 12 fM. mit 1 KM schließen. Den Faden lang abschneiden, das Maul ausstopfen und unterhalb der Augen an den Körper nähen.

Zähne (2 x arb.)

In Weiß 3 LfM anschlagen und ab der 2. M von der Nadel aus 1 fM und 1 hStb häkeln. Dann 4 LfM anschlagen und ab der 2. M von der Nadel aus wieder 1 fM und 1 hStb häkeln. Den Faden lang abschneiden und die Zähne links und rechts an das Maul nähen. Mit dem Restfaden den Mund aufsticken (siehe Foto).

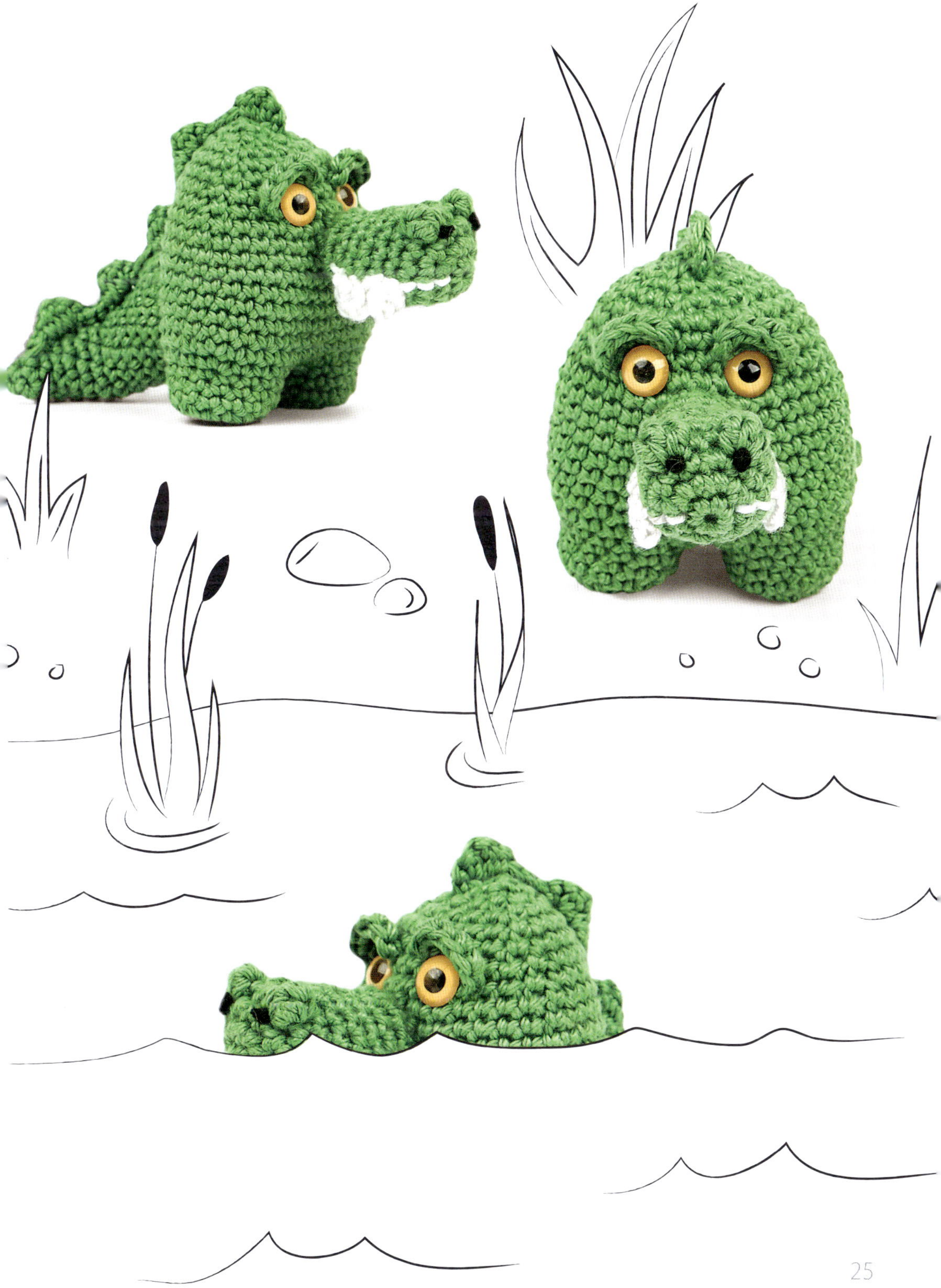

Augenlid (2 x arb.)

In Grün 5 LfM anschlagen und ab der 2. M von der Nadel aus 1 fM, 2 x 2 hStb in 1 Einstichstelle, 1 fM häkeln. Den Faden abschneiden und das Augenlid über dem Auge festnähen.

Schwanz

In Grün im Grundmuster 1 arb. **1. Rd:** 4 fM. **2. Rd:** Jede 2. M verdopp. (= 6 M). **3. Rd:** Ohne Zunahmen häkeln. **4. Rd:** 2 fM, 2 M verdopp., 2 fM (= 8 M). **5. Rd:** Ohne Zunahmen häkeln. **6. Rd:** 3 fM, 2 M verdopp., 3 fM (= 10 M). **7.–8. Rd:** Ohne Zunahmen häkeln. **9. Rd:** 4 fM, 2 M verdopp., 4 fM (= 12 M). **10.–11. Rd:** Ohne Zunahmen häkeln. **12. Rd:** 5 fM, 2 M verdopp., 5 fM (= 14 M). **13. Rd:** Ohne Zunahmen häkeln. **14. Rd:** 5 fM, 1 hStb + 1 Stb in 1 Einstichstelle, 2 x 2 Stb in 1 Einstichstelle, 1 Stb + 1 hStb in 1 Einstichstelle, 5 fM (= 18 M). **15. Rd:** 18 fM, mit 1 KM schließen. Den Faden lang abschneiden. Den Schwanz leicht ausstopfen und so an den Körper nähen, dass der Schwanz den Körper stützt und das Krokodil gut steht.
Nun ab Kopfmitte über Rücken und Schwanz 25 feste Maschen aufhäkeln, wenden und für die Zacken wie folgt häkeln: * 3 KM, 1 fM + 1 Stb in 1 Einstichstelle, 1 Stb + 1 fM in 1 Einstichstelle, ab * insgesamt 5 x arb. Den Faden abschneiden und vernähen.

Fertigstellen: Unterhalb der Nasen-Noppen jeweils 1 Knötchenstich in Schwarz aufsticken.

Löwe

Körper

In Orange im Grundmuster laut Grundmodell (Seite 4–7) arb.

Ohren (2 x arb.)

In Orange im Grundmuster 2 arb. 4 LfM + 1 Wende-LfM anschlagen. **1.–3. R:** 4 fM, 1 LfM. **4. R:** Je 2 M zus. abm. (= 2 M). Den Arbeitsfaden lang abschneiden und mit einer Stopfnadel an der Seite entlang durch die M zum Anfang führen. Die Ohren seitlich an den Kopf nähen.

Schnauze

In Beige im Grundmuster 1 arb. **1. Rd:** 5 fM. **2. Rd:** Jede M verdopp. (= 10 M). **3. Rd:** Jede 2. M verdopp. (= 15 M). **4. Rd:** Ohne Zunahmen häkeln.

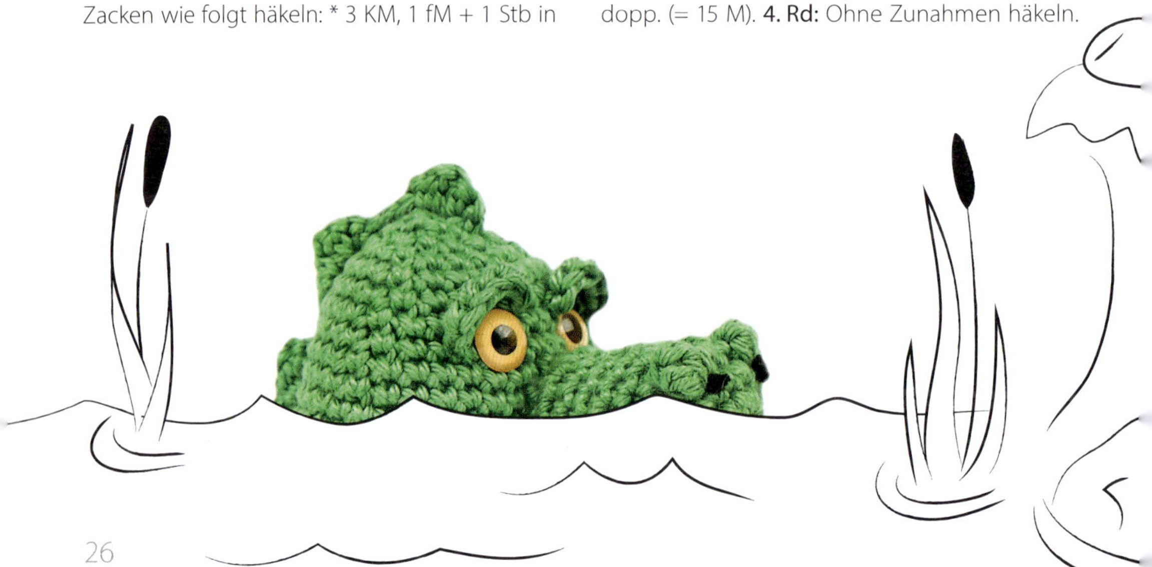

5. Rd: 7 fM, 2 M zus. abm., 6 fM, mit 1 KM schließen. Den Arbeitsfaden lang abschneiden. Die Abnahmestelle der letzten Runde nach oben drehen. Die Nase in Schwarz aufsticken (siehe Foto). Die Schnauze beim Annähen an den Körper leicht ausstopfen.

Mähne

In Rotbraun arb. Für die Mähne mit der Häkelnadel in den Körper einstechen und stets 1 fM + 5 LfM häkeln. Zuerst Den Umriss der Mähne auf den Körper häkeln: Am Rücken mittig zwischen der 10. Und 11. Rd einstechen, bis zu den Ohren, dann schräg nach unten und um die Schnauze herum häkeln. Anschließend bis zum nächsten Ohr und zurück zum Anfangspunkt häkeln. Mit einer 2. Rd den oberen Teil der Mähne um die Augen herum begrenzen, dabei 3 Runden über den Augen frei lassen. Nun in hin- und hergehenden Reihen die Mähne ausfüllen.

Schwanz

In Orange arb. Eine LfM-Kette aus 5 LfM mit fM behäkeln. Den Arbeitsfaden lang abschneiden und den Schwanz am Körper festnähen. Am Ende 3 Fäden in Orange einknüpfen und auf die gewünschte Länge kürzen.

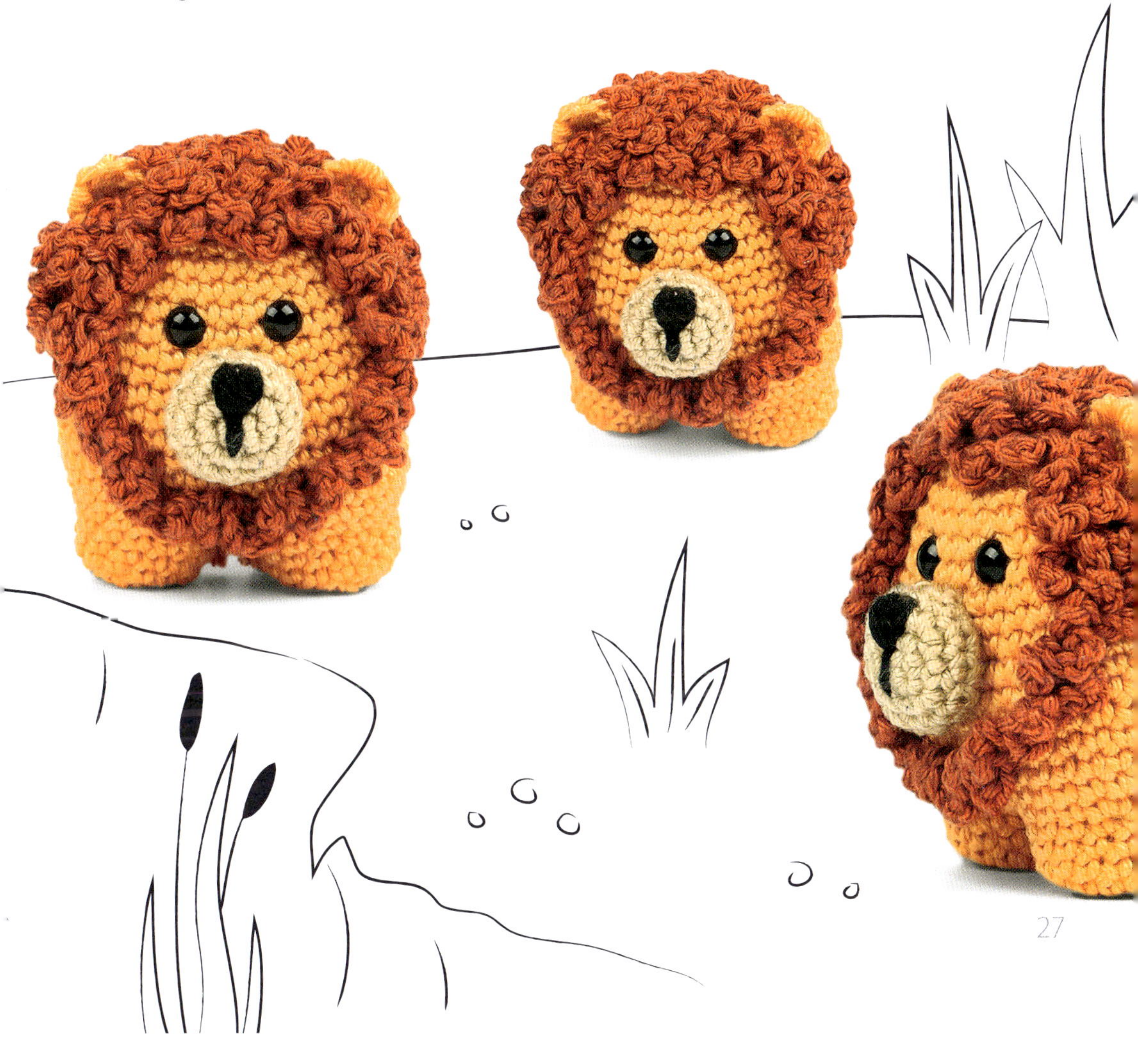

Gäste aus dem Meer

Krabbe • Höhe: 4,5 cm • Aufwand: ◎◎◎
Qualle • Höhe: 6,0 cm • Aufwand: ◎◎◎

Material

Für die Krabbe

- Wolle in Lachs
- Wollrest in Schwarz
- 2 schwarze Steckaugen, ø 8 mm

Für die Qualle

- Wolle in Blau und Eisblau
- Wollreste in Hellgelb und Pink
- 2 schwarze Steckaugen, ø 6 mm

Außerdem

- Synthetische Füllwatte
- Chenilledraht

Grundmuster: Feste Maschen in Spiralrunden arbeiten, am Rundenübergang einen Faden einlegen, um ihn zu kennzeichnen. Die Maschen der 1. Runde in eine Fadenschlinge arbeiten. Um Maschen zu verdoppeln, 2 feste Maschen in 1 Einstichstelle arbeiten. Bei einem Farbwechsel bereits die letzte Masche mit der neuen Farbe abmaschen.

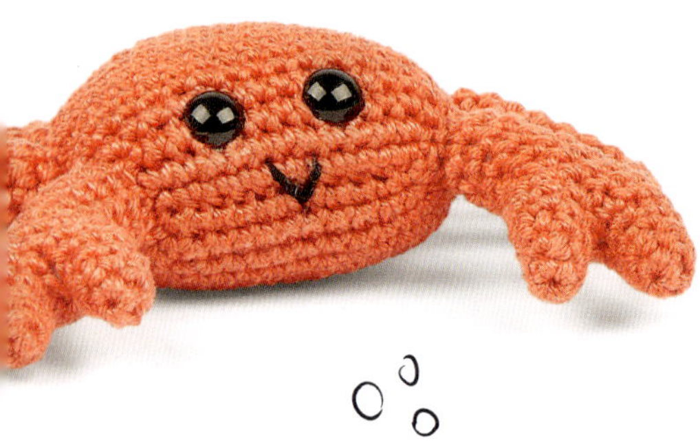

So wird's gemacht

Krabbe

Körper

Am Mund beginnen und in Lachs laut Grundmodell ohne Beine (Seite 7) arb. Dann im Grundmuster 1 laut Grundmodell (Seite 6–7) weiterarb., dafür mit der 3. Rd des Körpers beginnen. Die Augen zwischen der 3. und 4. Rd des Grundmodells ohne Beine einsetzen.

Scheren

A (2 x arb.)

In Lachs im Grundmuster arb. Teil 1: **1. Rd:** 4 fM. **2. Rd:** Jede 2. M verdopp. (= 6 M). **3. Rd:** Ohne Zunahmen häkeln, den Fanden abschneiden und vernähen. Teil 2: **1. Rd:** 4 fM. **2. Rd:** Jede 2. M verdopp. (= 6 M). **3. Rd:** Ohne Zunahmen häkeln. **4. Rd:** Jede 3. M verdopp. (= 8 M). **5. Rd:** Ohne Zunahmen häkeln. Jetzt Teil 1 und 2 im Zusammenhang überhäkeln: **6. Rd:** 6 fM auf Teil 1 arb., 8 fM auf Teil 2 arb. (= 14 M). Das kleine Scherenteil ausstopfen. **7. Rd:** 14 fM. **8. Rd:** 3 fM, 2 M zus. abm., 5 fM, 2 M zus. abm., 2 fM (= 12 M). **9. Rd:** 2 fM, 2 M zus. abm., 4 fM, 2 M zus. abm., 2 fM (= 10 M). **10. Rd:** 2 fM, 2 M zus. abm., 3 fM, 2 M zus. abm., 1 fM (= 8 M). **11.–13. Rd:** Ohne Abnahmen häkeln, mit 1 KM schließen. Den Arbeitsfaden lang abschneiden. In Teil 2 ein Stück Chenilledraht einlegen und diesen nach außen drücken. Den Rest mit Füllwatte ausstopfen. Die

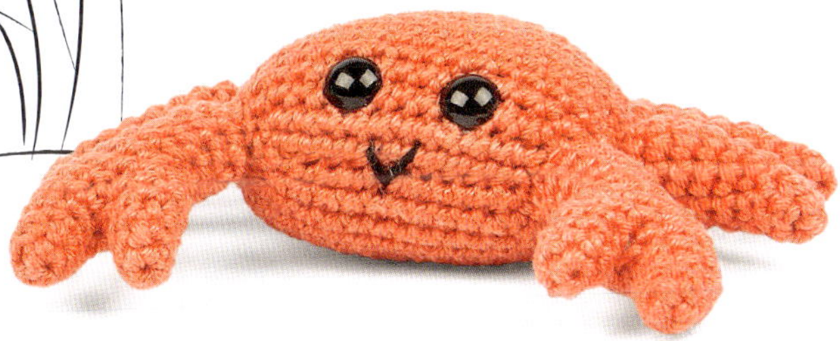

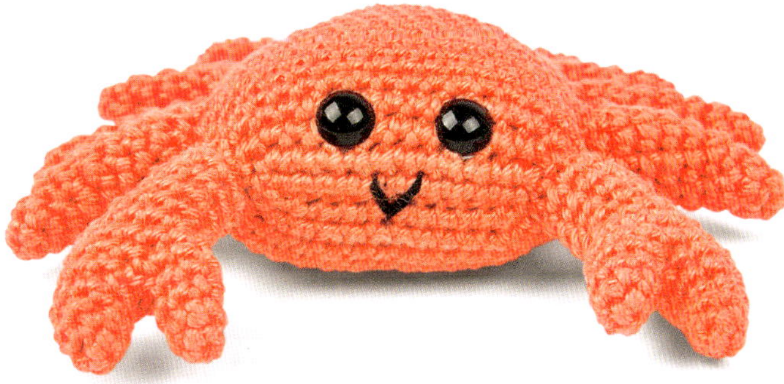

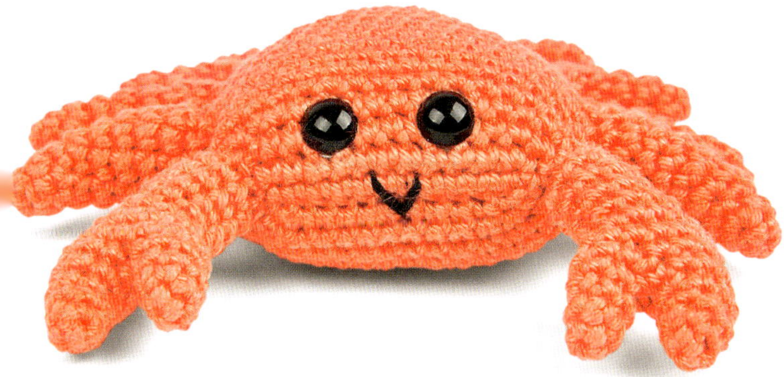

Scheren vorne am Körper annähen und in Form biegen.

B (2 x arb.)

In Lachs im Grundmuster arb. **1. Rd:** 4 fM. **2. Rd:** Jede 2. M verdopp. (= 6 M). **3. Rd:** Ohne Zunahmen häkeln. **4. Rd:** Jede 3. M verdopp. (= 8 M). **5.–9. Rd:** Ohne Zunahmen häkeln, mit 1 KM schließen. Den Arbeitsfaden lang abschneiden. Ein Stück Chenilledraht einlegen, den Rest ausstopfen. Beidseitig nach den Scheren A an den Körper nähen und in Form biegen.

C (2 x arb.)

In Lachs im Grundmuster arb. **1. Rd:** 4 fM. **2. Rd:** Jede 2. M verdopp. (= 6 M). **3.–9. Rd:** Ohne Zunahmen häkeln, mit 1 KM schließen. Den Arbeitsfaden lang abschneiden.

D (2 x arb.)

Wie Schere C, jedoch nur 8 Rd arb.

E (2 x arb.)

Wie Schere C, jedoch nur 7 Rd arb.

In die Scheren C, D und E jeweils einen Chenilledraht einlegen und nacheinander an den Körper nähen (siehe Foto).

Fertigstellen: Den Mund in Schwarz aufsticken (siehe Foto).

Qualle

Augenringe (2 x arb.)

In Eisblau arb. **1. Rd:** 6 fM in eine Fadenschlinge häkeln, mit 1 KM schließen. **2. Rd:** 1 LfM, 1 fM + 1 hStb in 1 Einstichstelle, 2 x je 2 Stb 1 Einstichstelle, 1 hStb + 1 fM in 1 Einstichstelle, 2 x je 2 fM in 1 Einstichstelle, mit 1 KM schließen. Den Faden lang abschneiden.

Körper

Die Unterseite in Blau laut Grundmodell ohne Beine (Seite 7) arb. Dann im Grundmuster 1 laut Grundmodell (Seite 6–7) weiterarb., dafür mit der 3. Rd des Körpers beginnen. Die Augen jeweils durch die Mitte der Augenringe stecken und zwischen der 9. und 10. Rd einsetzen. Augenringe ringsum mit dem Endfaden am Körper festnähen.

Fuß-Rüsche

Den Körper so halten, dass die Augen nach unten zeigen. Seitlich am Körper vor der 3. Rd des Grundmodells in Blau neu anschlingen und

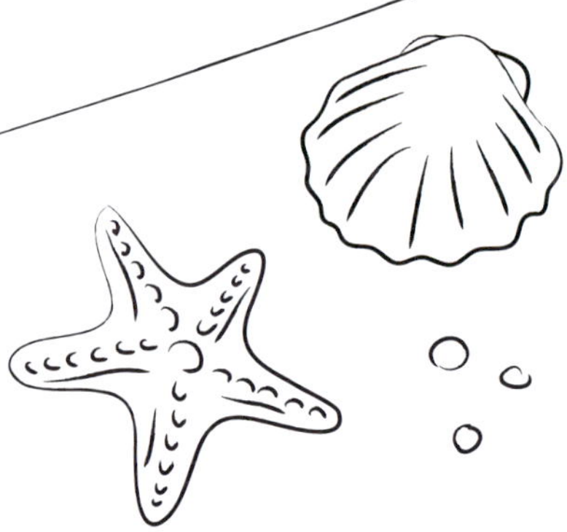

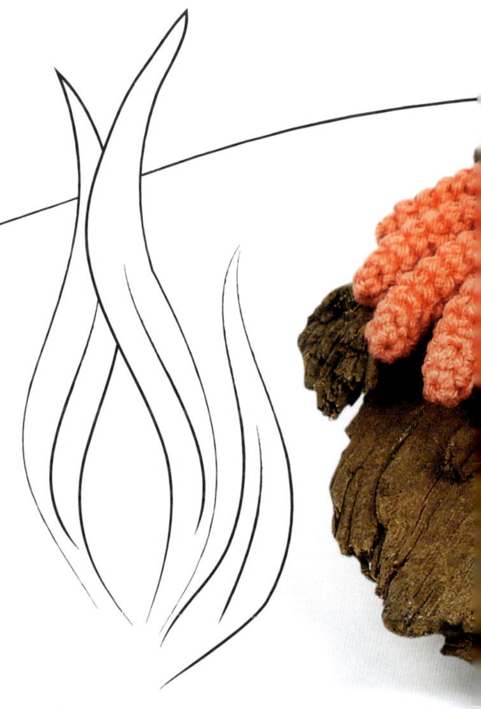

ringsum 1 Rd mit 36 fM einhäkeln. In diese fM Bögen wie folgt arb.: * 1 fM, 1 M übergehen, 5 Stb in 1 Einstichstelle, 1 M übergehen, ab * insgesamt 9 x arb. (= 9 Bögen), mit 1 KM schließen. Den Arbeitsfaden abschneiden und vernähen.

Breite Tentakel (4 x arb.)

2 lange und 2 kurze arb.: Für die langen Tentakel in Eisblau jeweils 41 LfM und für die kurzen jeweils 31 LfM anschlagen. In jede LfM ab der 2. M von der Nadel aus je 2 Stb häkeln. Die Tentakel am äußeren Rand verdeckt unter der Fuß-Rüsche festnähen.

Schmale Tentakel (3 x arb.)

In Eisblau jeweils 41 LfM anschlagen und ab der 2. M von der Nadel aus abwechselnd 1 x 1 fM und 1 x 2 fM in die LfM häkeln. Die Tentakel verteilt an der Unterseite annähen.

Stern

In Hellgelb in Rd arb. **1. Rd:** 10 fM in 1 Fadenschlinge häkeln, mit 1 KM schließen = Basisring. **2. Rd:** * 5 LfM, die 4.–1. LfM mit 1 fM, 1 hStb und 2 Stb überhäkeln, 1 M des Basisrings übergehen, 1 KM, ab * insgesamt 5 x arb., mit 1 KM schließen. Den Faden lang abschneiden und den Stern seitlich am Kopf annähen.

Fertigstellen: Den Mund in Pink aufsticken (siehe Foto).

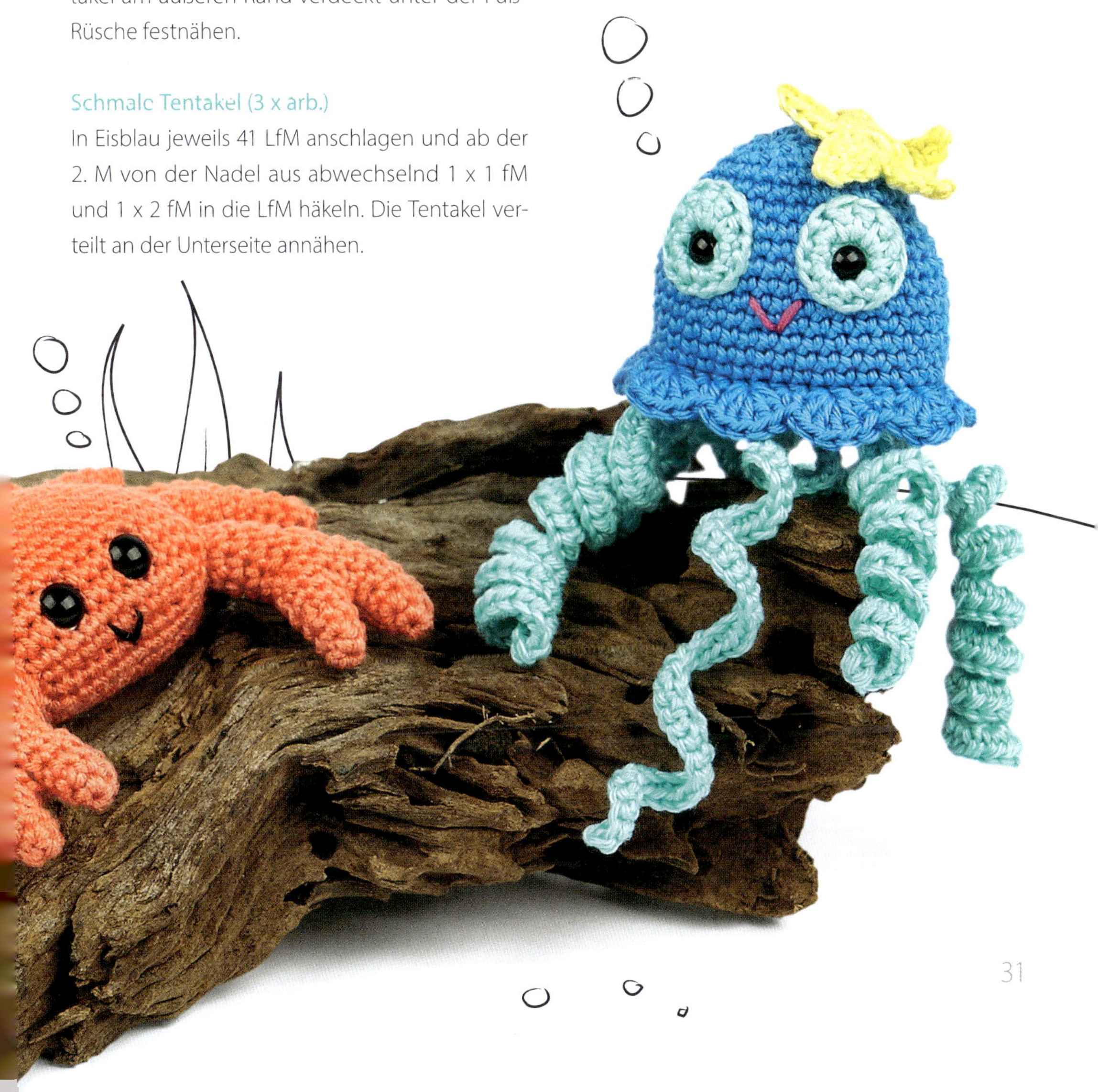

Freundliche Waldbewohner

Igel • Höhe: 7,0 cm • Aufwand: 🧶🧶
Eichhörnchen • Höhe: 8,0 cm • Aufwand: 🧶🧶
Zubehör: Herbstblatt, Eichel

Material

Für den Igel

- Wolle in Hellgrau und Schwarz
- 2 schwarze Steckaugen, ø 6 mm

Für das Eichhörnchen

- Wolle in Terrakotta und Natur
- Fransengarn in Weinrot
- 2 schwarze Steckaugen, ø 6 mm

Für die Herbstblätter

- Wolle in Orange und Rot

Für die Eichel

- Wolle in Hellbraun und Dunkelbraun
- Styroporei 25 mm

Außerdem

- Synthetische Füllwatte
- Chenilledraht

Grundmuster: Feste Maschen in Spiralrunden arbeiten, am Rundenübergang einen Faden einlegen, um ihn zu kennzeichnen. Die Maschen der 1. Runde in eine Fadenschlinge arbeiten. Um Maschen zu verdoppeln, 2 feste Maschen in 1 Einstichstelle arbeiten.

Picot: 3 LfM + 1 KM in die 1. LfM häkeln.

So wird's gemacht

Igel

Körper

In Hellgrau im Grundmuster laut Grundmodell (Seite 4–7) arb. Dabei wie nachfolgend beschrieben einen Teil der M nur in das hintere M-Glied einstechen, alle übrigen M in die ganze M arb.
3.–4. Rd: 12 fM in das hintere M-Glied, 12 fM, 12 fM in das hintere M-Glied häkeln (= 36 M). **5.–8. Rd:** 11 fM in das hintere M-Glied, 13 fM, 12 fM in das hintere M-Glied (= 36 M). **9. Rd:** 8 fM in das hintere M-Glied, 2 M zus. abm., 2 fM in das hintere M-Glied, 12 fM, 2 fM in das hintere M-Glied, 2 M zus. abm., 8 fM in das hintere M-Glied (= 34 M). **10. Rd:** 8 fM in das hintere M-Glied, 2 M zus. abm., 1 fM in das hintere M-Glied, 12 fM, 2 fM in das hintere M-Glied, 2 M zus. abm., 7 fM in das hintere M-Glied (= 32 M). **11. Rd:** 7 fM in das hintere M-Glied, 2 M zus. abm., 2 fM in das hintere M-Glied, 10 fM, 2 fM in das hintere M-Glied, 2 M zus. abm., 7 fM in das hintere M-Glied (= 30 M). **12. Rd:** 7 fM in das hintere M-Glied, 2 M zus. abm., 2 fM in das hintere M-Glied, 9 fM, 2 fM in das hintere M-Glied, 2 M zus. abm., 6 fM in das hintere M-Glied (= 28 M). **13. Rd:** 6 fM in das hintere M-Glied, 2 M zus. abm., 2 fM in das hintere M-Glied, 9 fM, 1 fM in das hintere M-Glied, 2 M zus. abm., 6 fM in das hintere M-Glied (= 26 M).

14. Rd: 6 fM in das hintere M-Glied, 2 M zus. abm., 2 fM in das hintere M-Glied, 7 fM, 2 fM in das hintere M-Glied, 2 M zus. abm., 5 fM in das hintere M-Glied (= 24 M). **15.–17. Rd:** Alle M in das hintere M-Glied häkeln.

Stacheln

In Hellgrau alle vorderen freien M-Glieder des Körpers in hin- und hergehenden Reihen behäkeln: Anschlingen, * 1 KM in das nächste freie M-Glied, 1 Stachel (= 4 LfM, die 3.–1. LfM mit KM überhäkeln), 1 KM in das nächste freie M-Glied, ab * stets wiederholen, dabei die Stacheln in jeder R versetzen, bis ein geschlossener Stachelrücken entstanden ist.

Nase

In Hellgrau im Grundmuster arb. **1. Rd:** 4 fM. **2. Rd:** Jede 2. M verdopp. (= 6 M). **3. Rd:** Jede 3. M verdopp. (= 8 M). **4. Rd:** Jede 4. M verdopp. (= 10 M). **5. Rd:** 4 fM, 1 M verdopp., 4 hStb, 1 M verdopp. (= 12 M). **6. Rd:** Ohne Zunahmen häkeln, mit 1 KM schließen. Den Arbeitsfaden lang abschneiden. Die Nasenspitze in Schwarz aufsticken (siehe Foto). Die Nase ausstopfen und mit den hStb nach unten an den Körper nähen.

Fertigstellen: Den Mund in Schwarz aufsticken (siehe Foto).

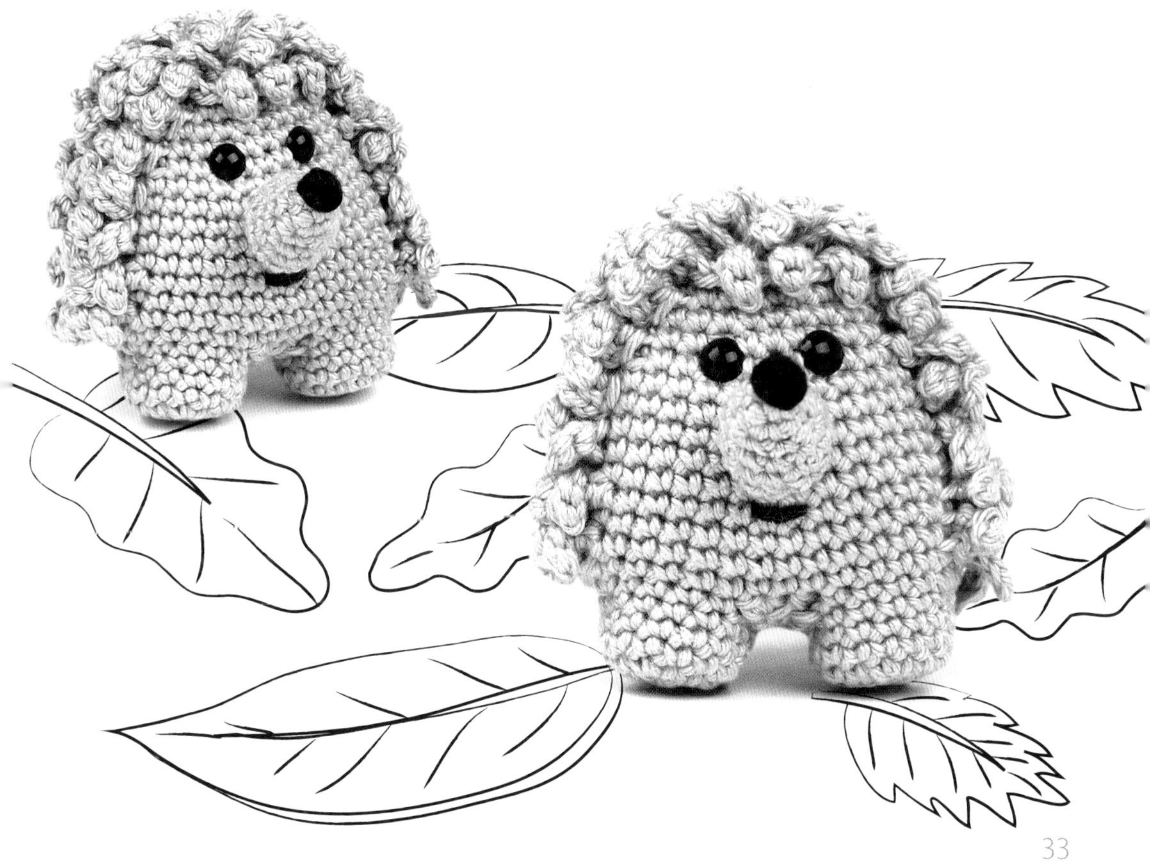

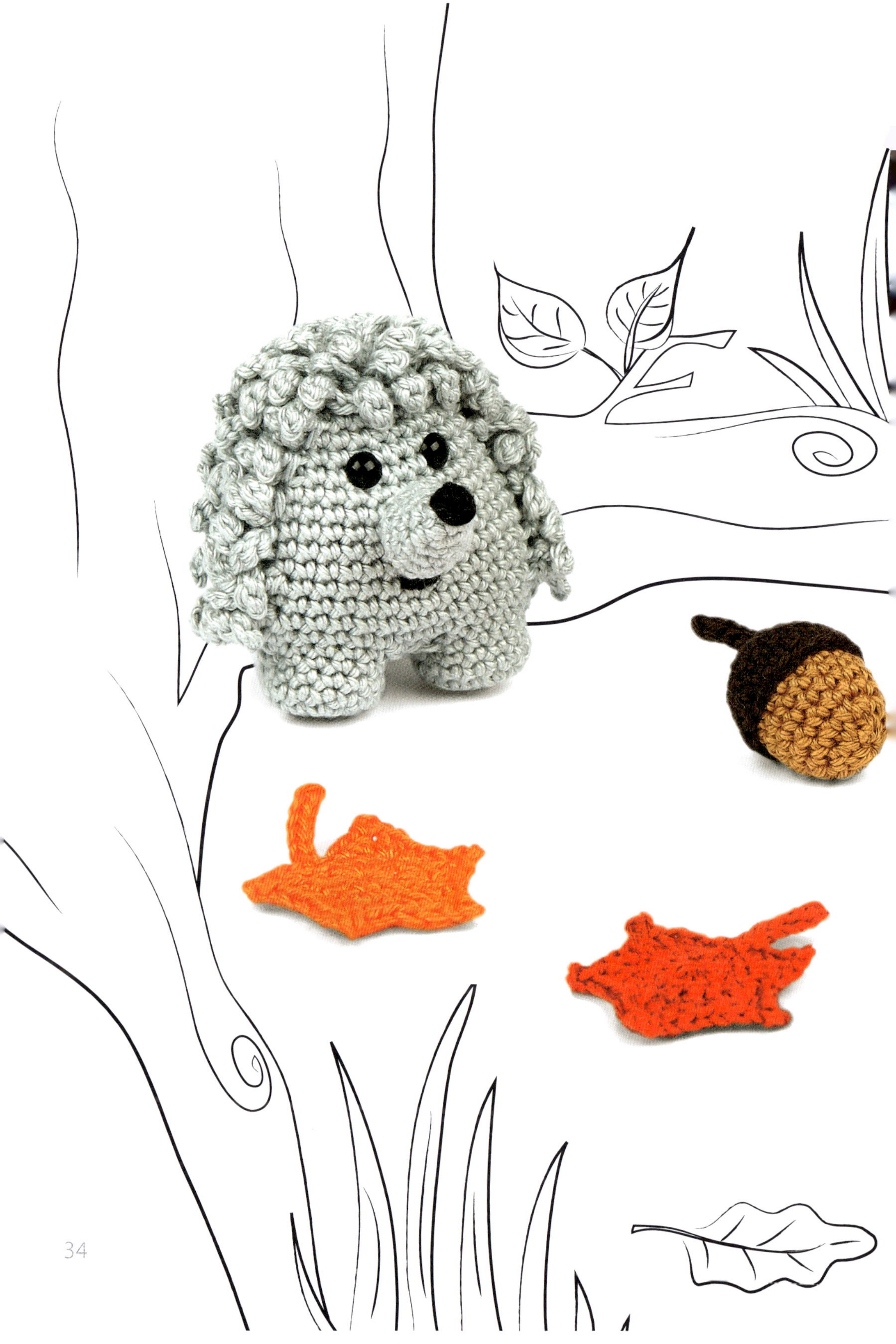

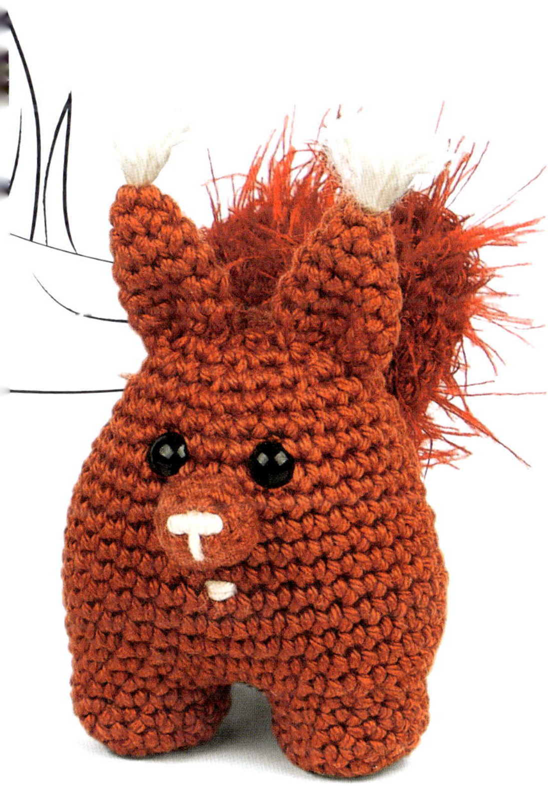

Eichhörnchen

Körper

In Terrakotta im Grundmuster laut Grundmodell (Seite 4–7) arb.

Ohren (2 x arb.)

In Terrakotta im Grundmuster arb. **1. Rd:** 4 fM. **2. Rd:** Jede 2. M verdopp. (= 6 M). **3. Rd:** Jede 3. M verdopp. (= 8 M). **4. Rd:** Jede 4. M verdopp. (= 10 M). **5. Rd:** Ohne Zunahmen häkeln. **6. Rd:** Jede 5. M verdopp. (= 12 M), mit 1 KM schließen. Den Arbeitsfaden lang abschneiden. In Natur 5 Fäden von ca. 5 cm Länge zuschneiden, in der Mitte zus. verknoten und den Knoten durch die Fadenschlinge der 1. Runde fädeln, so dass er im Ohr sitzt. Die Fäden auf die gewünschte Länge kürzen und mit einer Stopfnadel spalten, so dass sie buschig werden. Die Ohren nicht ausstopfen, sondern flach drücken und leicht nach innen gebogen an den Kopf nähen.

Schwanz

Mit Fransengarn im Grundmuster arb. Dem Garn entsprechend eine stärkere Häkelnadel verwenden. 6 LfM anschlagen und mit 1 KM zum Ring schließen. **1. Rd:** 10 fM in den Ring häkeln. **2. Rd:** Jede M verdopp. (= 20 M). **3.–10. Rd:** Ohne Zunahmen häkeln. **11. Rd:** Jede 4. und 5. M zus. abm. (= 16 M). **12.–13. Rd:** Ohne Abnahmen häkeln. **14. Rd:** Jede 3. und 4. M zus. abm. (= 12 M). **15.–18. Rd:** Ohne Abnahmen häkeln. Einen Chenilledraht in Form des Schwanzes biegen und einlegen. Den Schwanz flach drücken und die Kanten mit 6 fM zusammenhäkeln. Den Schwanz am Rücken annähen und in Form biegen.

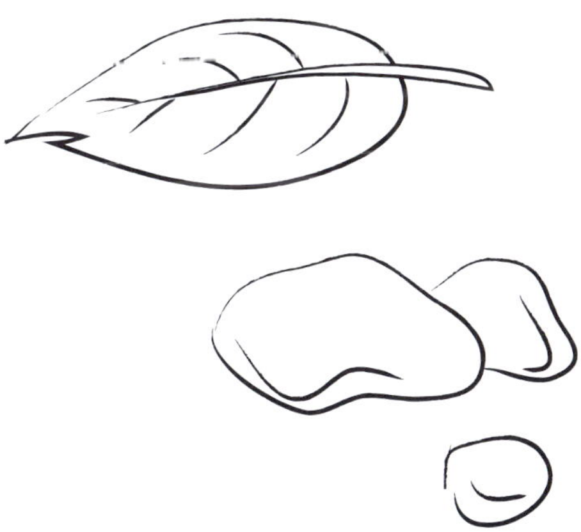

Nase

In Terrakotta im Grundmuster arb. **1. Rd:** 4 fM. **2. Rd:** Jede 2. M verdopp. (= 6 M). **3. Rd:** Jede 2. M verdopp. (= 9 M). **4. Rd:** Ohne Zunahmen häkeln, mit 1 KM schließen. Den Arbeitsfaden lang abschneiden. Die Nasenspitze in Natur aufsticken. Nase ausstopfen und an den Körper nähen.

Fertigstellen: Den Mund in Natur aufsticken (siehe Foto).

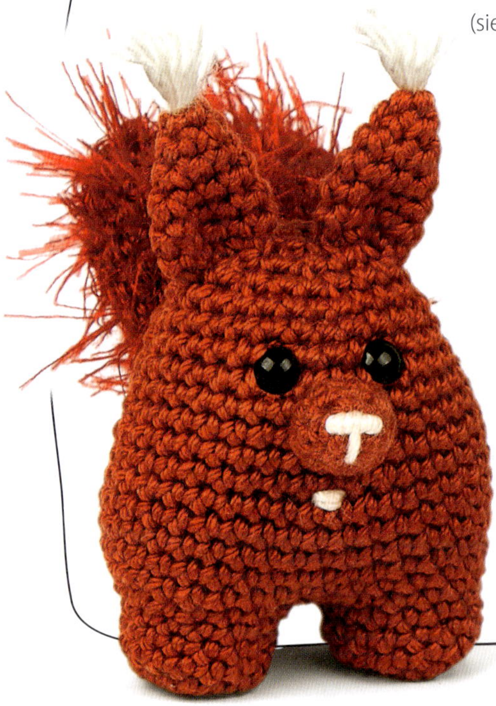

Herbstblatt

In Orange oder Rot in Runden arb. **1. Rd:** 10 hStb in 1 Fadenschlinge häkeln, mit 1 KM schließen. **2. Rd:** 1 LfM, 1 fM, 1 M verdopp., 1 fM, 1 hStb + 1 Stb in 1 Einstichstelle, 2 Stb, 1 Stb + 1 hStb in 1 Einstichstelle, 1 fM, 1 M verdopp., 1 fM, mit 1 KM schließen (= 14 M). Für den Stiel 7 LfM arb und die 6.–1. LfM mit KM überhäkeln. **3. Rd:** 1 fM, 1 hStb + 1 Stb in 1 Einstichstelle, 1 Picot, 1 Stb + 1 hStb in 1 Einstichstelle, 1 fM + 1 hStb in 1 Einstichstelle, 1 Stb + 1 Picot + 1 Stb in 1 Einstichstelle, 1 hStb + 1 fM in 1 Einstichstelle, 1 Stb + 1 DStb in 1 Einstichstelle, 1 Picot, 1 DStb + 1 Stb in 1 Einstichstelle, 1 fM + 1 hStb in 1 Einstichstelle, 1 Stb + 1 Picot + 1 Stb in 1 Einstichstelle, 1 hStb + 1 fM in 1 Einstichstelle, 1 hStb + 1 Stb in 1 Einstichstelle, 1 Picot, 1 Stb + 1 hStb in 1 Einstichstelle, 1 fM. Arbeitsfaden abschneiden und vernähen.

Eichel

Frucht

In Hellbraun im Grundmuster arb. **1. Rd:** 5 fM. **2. Rd:** Jede M verdopp. (= 10 M). **3. Rd:** Jede 2. M verdopp. (= 15 M). **4.–8. Rd:** Ohne Zunahmen häkeln. Das Styroporei einsetzen. **9. Rd:** Jede 4. und 5. M zus. abm. (= 12 M). **10. Rd:** Jede 3. und 4. M zus. abm. (= 9 M). Den Arbeitsfaden lang abschneiden, durch die äußeren Maschenglieder der letzten Rd fädeln. Die Öffnung fest zusammenziehen und den Faden vernähen.

Kappe

In Dunkelbraun im Grundmuster arb. Am Anfang einen langen Arbeitsfaden lassen. **1. Rd:** 6 fM. **2. Rd:** Jede M verdopp. (= 12 M). **3. Rd:** Jede 2. M verdopp. (= 18 M). **4.–6. Rd:** Ohne Zunahmen häkeln, mit 1 KM schließen. Den Arbeitsfaden abschneiden. Für den Stiel aus dem Anfangsfaden 5 LfM arb und die 4.–1. LfM mit KM überhäkeln. Den Faden vernähen. Mit dem Endfaden die Kappe auf der Frucht annähen.

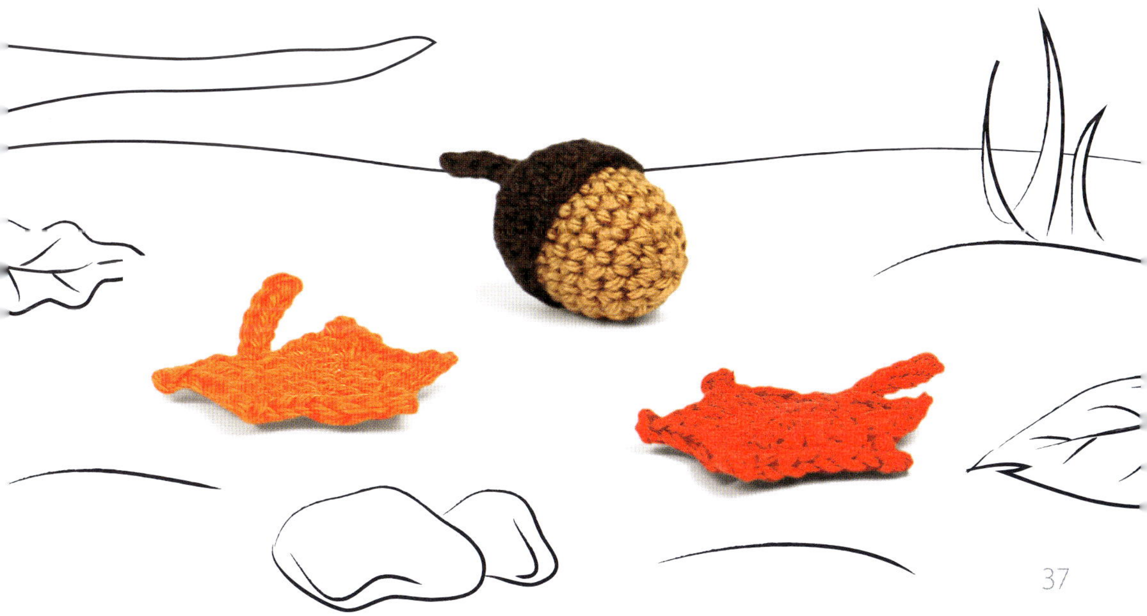

Begegnung auf der Weide

Schaf • Höhe: 7,0 cm • Aufwand: 🧶🧶
Wolf • Höhe: 7,0 cm • Aufwand: 🧶🧶

Material

Für die Schafe

- Wolle in Beige, Weiß, Schwarz und Rosa
- je 2 schwarze Steckaugen, ø 6 mm

Für den Wolf

- Wolle in Hellgrau und Dunkelgrau
- Wollreste in Schwarz und Weiß
- 2 schwarze Steckaugen, ø 6 mm

Außerdem

- Synthetische Füllwatte
- Chenilledraht

Grundmuster 1: Feste Maschen in Spiralrunden arbeiten, am Rundenübergang einen Faden einlegen, um ihn zu kennzeichnen. Die Maschen der 1. Runde in eine Fadenschlinge arbeiten. Um Maschen zu verdoppeln, 2 feste Maschen in 1 Einstichstelle arbeiten. Bei einem Farbwechsel bereits die letzte Masche mit der neuen Farbe abmaschen.

Grundmuster 2: Feste Maschen in hin- und hergehenden Reihen arbeiten, dabei nach jeder Reihe mit 1 zusätzlichen LfM wenden.

Picot: 3 LfM + 1 KM in die 1. LfM häkeln.

So wird's gemacht

Schaf

Körper

In Beige im Grundmuster 1 laut Grundmodell (Seite 4–7) arb., dabei wie nachfolgend beschrieben einen Teil der M nur in das hintere M-Glied einstechen, alle übrigen M in die ganze M arb.

3.–5. Rd: Alle fM in das hintere M-Glied häkeln. **6.–7. Rd:** 13 fM in das hintere M-Glied, 9 fM, 14 fM in das hintere M-Glied (= 36 M). **8. Rd:** 13 fM in das hintere M-Glied, 10 fM, 13 fM in das hintere M-Glied (= 36 M). **9. Rd:** 8 fM in das hintere M-Glied, 2 M zus. abm., 3 fM in das hintere M-Glied, 10 fM, 3 fM in das hintere M-Glied, 2 M zus. abm., 8 fM in das hintere M-Glied (= 34 M). **10. Rd:** 8 fM in das hintere M-Glied, 2 M zus. abm., 2 fM in das hintere M-Glied, 10 fM, 3 fM in das hintere M-Glied, 2 M zus. abm., 7 fM in das hintere M-Glied (= 32 M). **11. Rd:** 7 fM in das hintere M-Glied, 2 M zus. abm., 2 fM in das hintere M-Glied, 10 fM, 2 fM in das hintere M-Glied, 2 M zus. abm., 7 fM in das hintere M-Glied (= 30 M). **12. Rd:** 7 fM in das hintere M-Glied, 2 M zus. abm., 2 fM in das hintere M-Glied, 9 fM, 2 fM in das hintere M-Glied, 2 M zus. abm., 6 fM in das hintere M-Glied (= 28 M). **13. Rd:** 6 fM in das hintere M-Glied, 2 M zus. abm., 3 fM in das hintere M-Glied, 7 fM, 2 fM in das hintere M-Glied, 2 M zus. abm., 6 fM in das hintere M-Glied (= 26 M). **14. Rd:** 6 fM in das hintere M-Glied, 2 M zus. abm.,

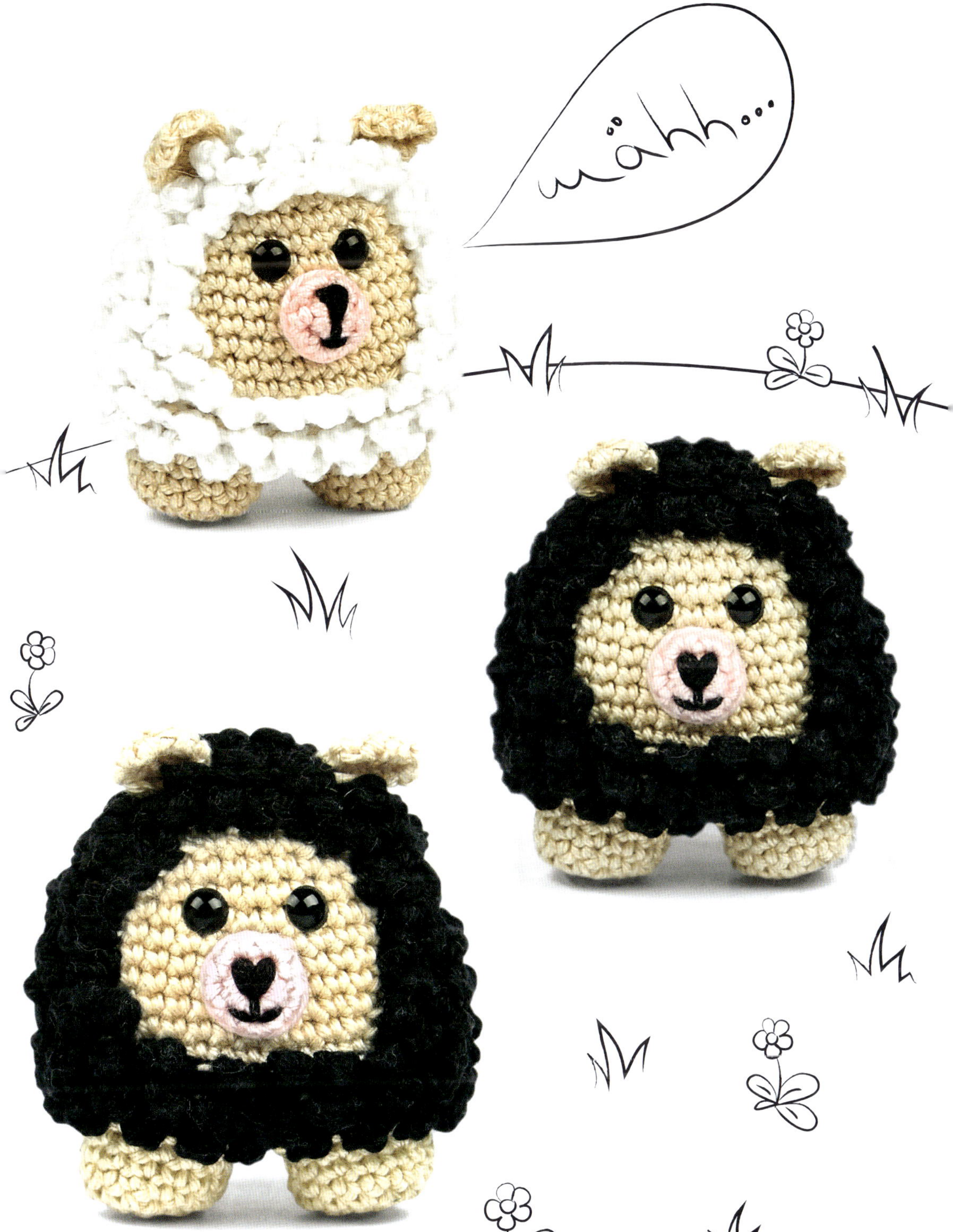
mähh...

4 fM in das hintere M-Glied, 4 fM, 3 fM in das hintere M-Glied, 2 M zus. abm., 5 fM in das hintere M-Glied (= 24 M). **15.–17. Rd:** Alle fM in das hintere M-Glied häkeln.

Ohren (2 x arb.)

In Beige im Grundmuster 2 arb. 4 LfM + 1 Wende-LfM anschlagen. **1.–3. R:** 4 fM. **4. R:** Je 2 M zus. abm. (= 2 M). Den Arbeitsfaden lang abschneiden und mit einer Stopfnadel an der Seite entlang durch die M zum Anfang führen. Die Ohren an den Kopf nähen.

Fell

In Weiß (Schwarz) alle vorderen freien M-Glieder des Körpers in hin- und hergehenden Reihen behäkeln: Anschlingen, * 1 KM in das nächste freie M-Glied, 1 Picot, 1 KM in das nächste freie Maschenglied, ab * stets wiederholen, dabei die Picots in jeder R versetzen, bis ein geschlossenes Fell entstanden ist.

Schnauze

In Rosa im Grundmuster 1 arb. **1. Rd:** 6 fM. **2. Rd:** Jede M verdopp. (= 12 M), mit 1 KM schließen. Den Arbeitsfaden lang abschneiden. Die Nase in Schwarz aufsticken (siehe Foto). Die Schnauze beim Annähen an den Körper leicht ausstopfen.

Wolf

Körper

Im Grundmuster 1 laut Grundmodell (Seite 4–7) arb. Die Beine in Dunkelgrau bis zur 5. Rd häkeln, ab der 6. Rd in Hellgrau weiterhäkeln.

Ohren (2 x arb.)

In Hellgrau im Grundmuster 1 arb. **1. Rd:** 4 fM. **2. Rd:** Jede 2. M verdopp. (= 6 M). **3. Rd:** Jede 3. M verdopp. (= 8 M). **4. Rd:** Ohne Zunahmen häkeln. **5. Rd:** Jede 4. M verdopp. (= 10 M). **6. Rd:** Ohne Zunahmen häkeln, mit 1 KM schließen. Den Arbeitsfaden lang abschneiden. Das Innenohr in Weiß aufsticken. Die Ohren nicht ausstopfen, sondern flach drücken und an den Kopf nähen.

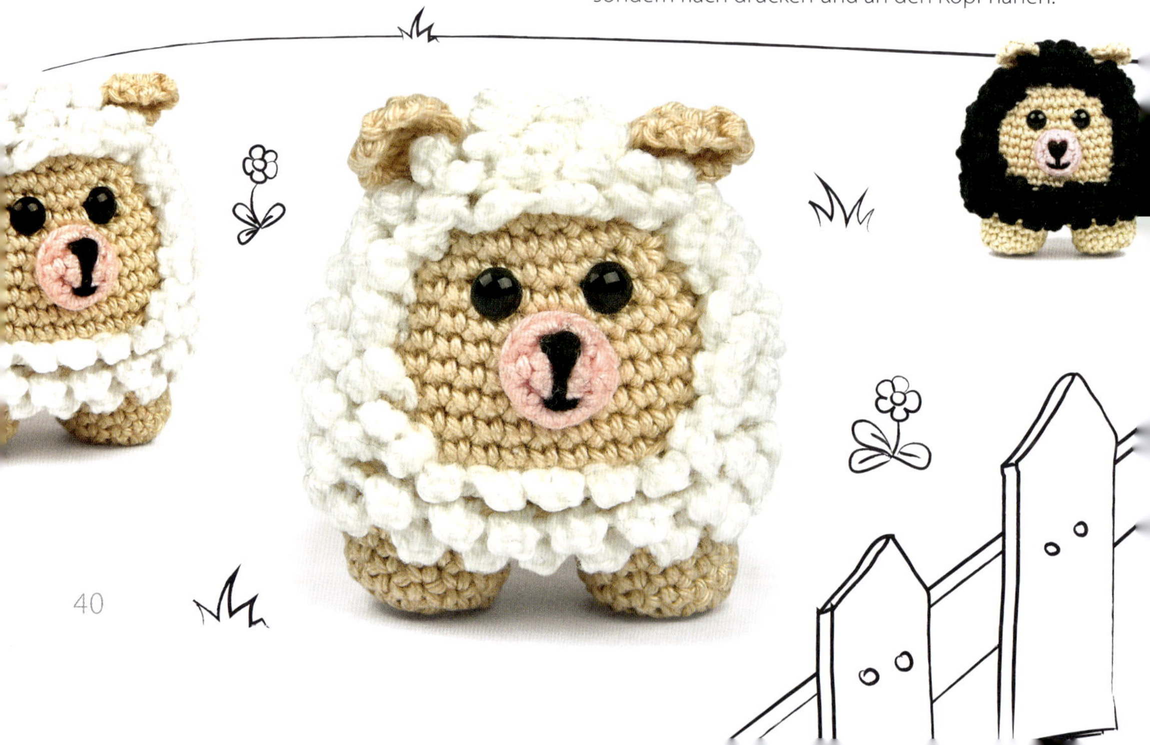

Schnauze

In Hellgrau im Grundmuster 1 arb. **1. Rd:** 6 fM. **2. Rd:** Jede M verdopp. (= 12 M). **3. Rd:** Jede 2. M verdopp. (= 18 M). **4.–5. Rd:** Ohne Zunahmen häkeln. **6. Rd:** 7 fM, 2 x je 2 M zus. abm., 7 fM (= 16 M). **7.–8. Rd:** Ohne Abnahmen häkeln. **9. Rd:** 6 fM, 2 x je 2 M zus. abm., 6 fM (= 14 M). **10. Rd:** Ohne Abnahmen häkeln, mit 1 KM schließen. Den Arbeitsfaden lang abschneiden. Die Nase in Schwarz aufsticken (siehe Foto), dabei darauf achten, dass die Abnahmestelle der Schnauze nach oben zeigt. Die Schnauze ausstopfen und an den Kopf nähen.

Zähne (2 x arb.)

In Weiß 2 LfM anschlagen und 1 fM in die 1. LfM häkeln. Den Faden abschneiden und die Zähne links und rechts an die Schnauze nähen (siehe Foto).

Schwanz

In Hellgrau im Grundmuster 1 arb. **1. Rd:** 4 fM. **2. Rd:** Jede 2. M verdopp. (= 6 M). **3.–4. Rd:** Ohne Zunahmen häkeln. **5. Rd:** Jede 3. M verdopp. (= 8 M). **6.–8. Rd:** Ohne Zunahmen häkeln, mit 1 KM schließen. Den Arbeitsfaden lang abschneiden. Den Schwanz ausstopfen, dabei ein Stück Chenilledraht mit einlegen, damit der Schwanz nach oben gebogen werden kann. Den Schwanz annähen und in Form bringen.

Fertigstellen: In Schwarz über die Augen einen Heftstich setzen (siehe Foto), damit der Wolf schön grimmig aussieht.

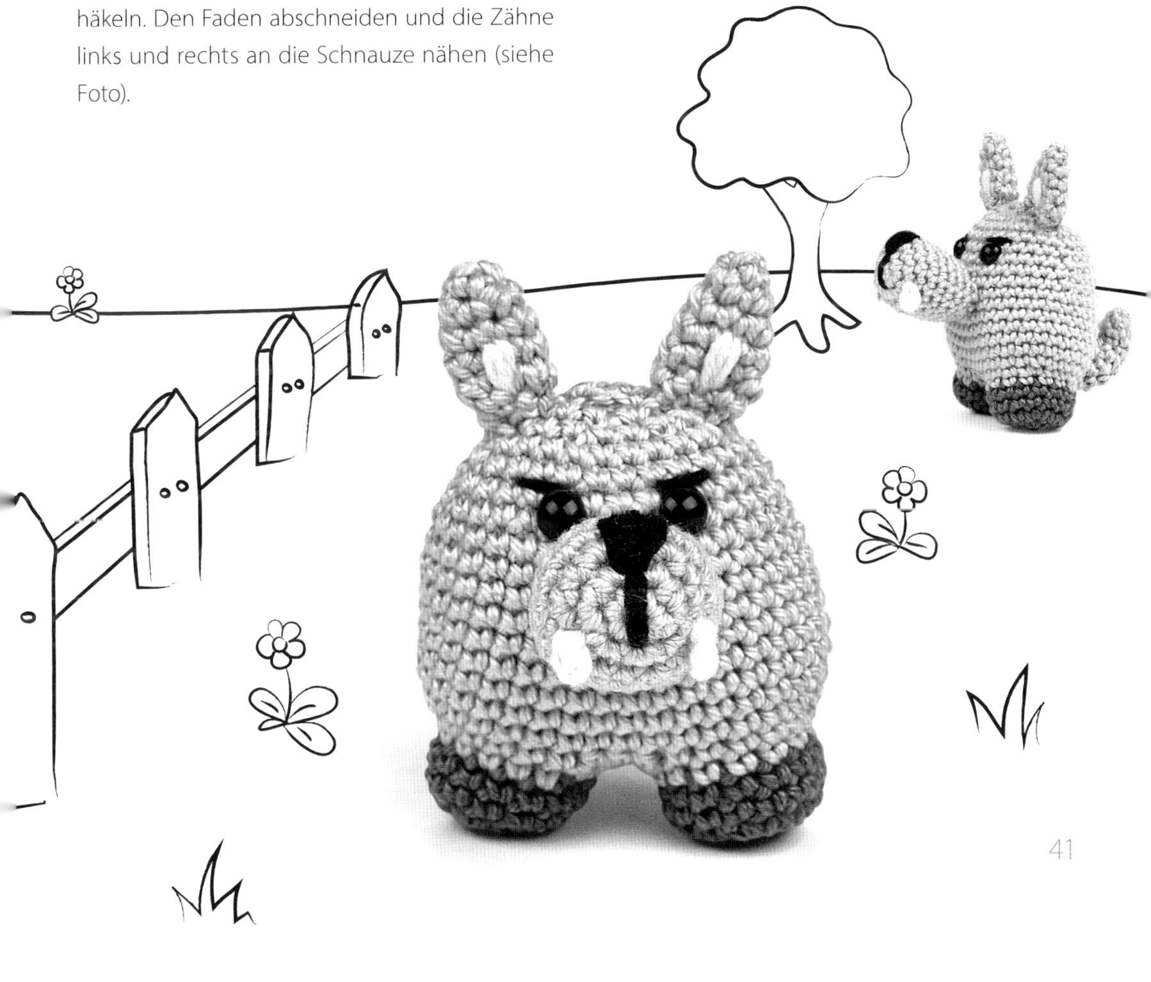

Auf zur Halloween-Party

Kürbis • Höhe: 5,0 cm • Aufwand:
Fledermaus • Höhe: 7,5 cm • Aufwand:
Geist • Höhe: 7,0 cm • Aufwand:

Material

Für den Kürbis

- Wolle in Orange, Grün, Natur und Braun
- 2 schwarze Steckaugen, ø 6 mm

Für die Fledermaus

- Wolle in Hellgrau, Dunkelgrau, Rosa und Weiß
- 2 schwarze Steckaugen, ø 6 mm

Für den Geist

- Wolle in Weiß und Schwarz
- 2 schwarze Steckaugen, ø 6 mm

Außerdem

- Synthetische Füllwatte
- Chenilledraht
- 1 Stück Gliederkette

Grundmuster 1: Feste Maschen in Spiralrunden arbeiten, am Rundenübergang einen Faden einlegen, um ihn zu kennzeichnen. Die Maschen der 1. Runde in eine Fadenschlinge arbeiten. Um Maschen zu verdoppeln, 2 feste Maschen in 1 Einstichstelle arbeiten. Bei einem Farbwechsel bereits die letzte Masche mit der neuen Farbe abmaschen.

Grundmuster 2: Feste Maschen in hin- und hergehenden Reihen arbeiten, dabei nach jeder Reihe mit 1 zusätzlichen LfM wenden.

Picot: 3 LfM, 1 fM in die 1. LfM häkeln.

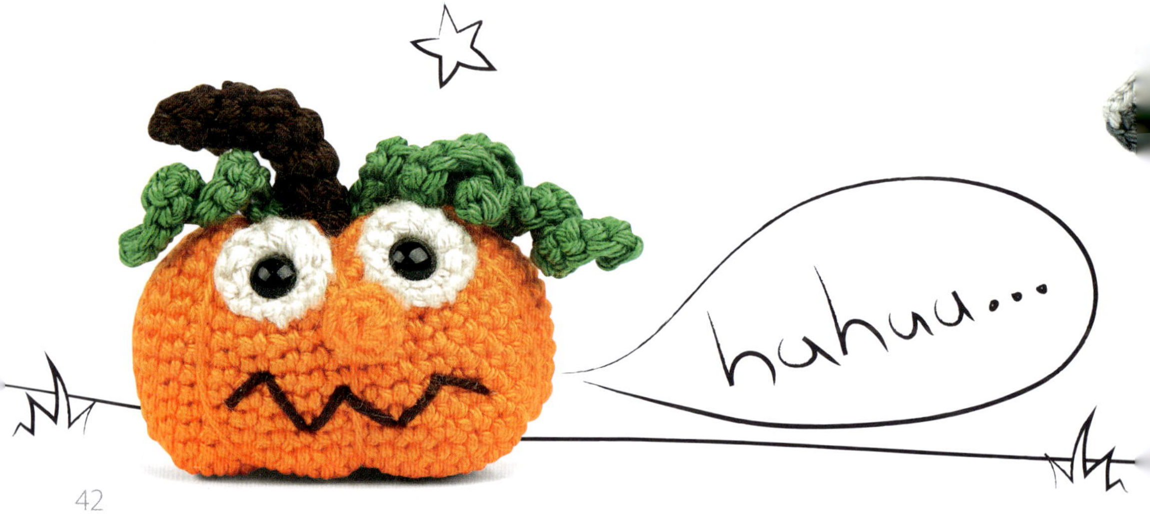

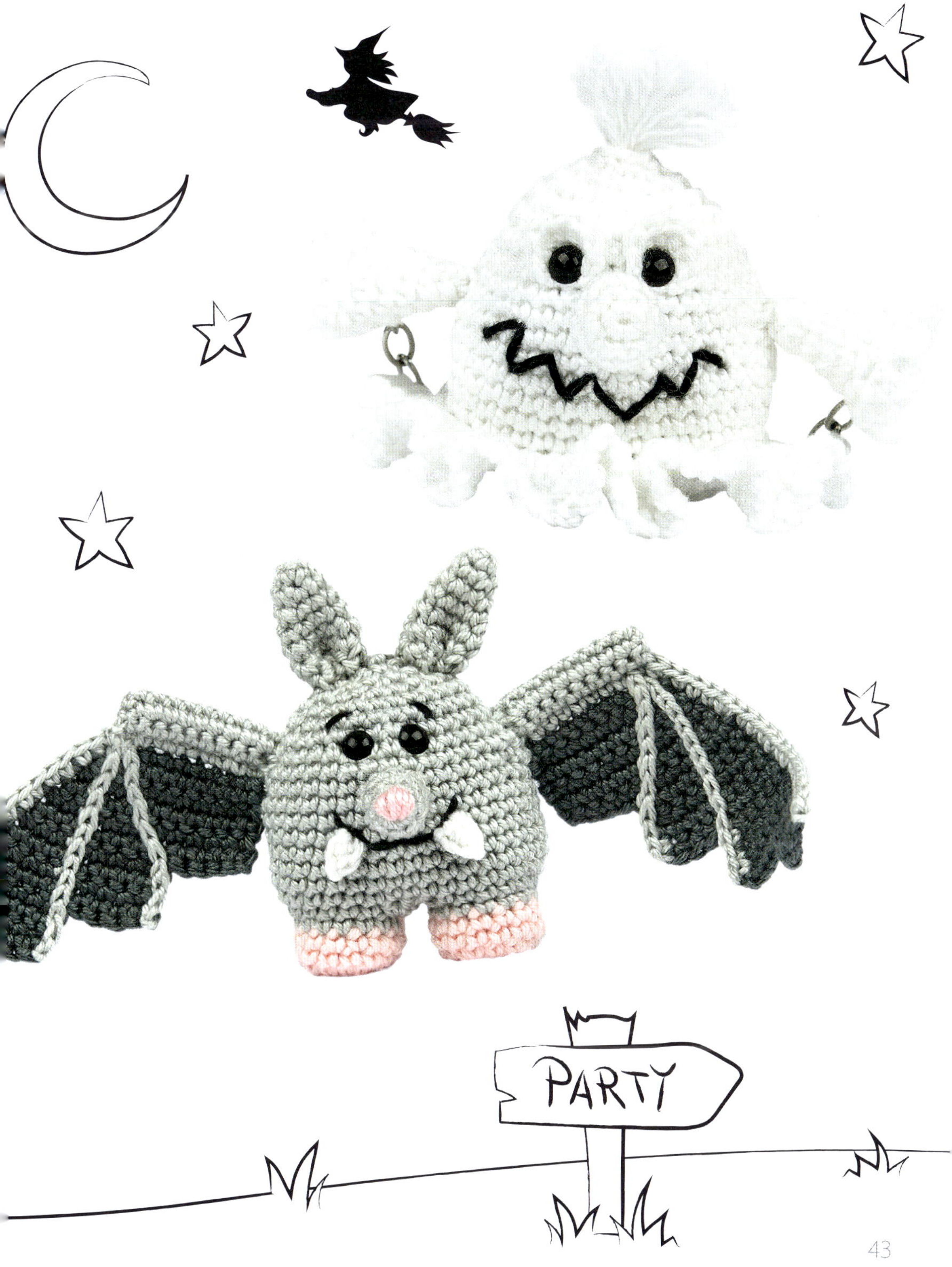
PARTY

So wird's gemacht

Kürbis

Körper

Den Boden in Orange laut Grundmodell ohne Beine (Seite 7) arb. Dann im Grundmuster 1 laut Grundmodell (Seite 6–7) weiterarb., dafür mit der 3. Rd des Körpers beginnen und die 3.–16. Rd in Orange arb., Faden ca. 80 cm lang abschneiden, und die 17. Rd in Braun arb. Anschließend den Stiel anfügen.

Stiel

In Braun in Spiralrunden arb. 6 Runden mit je 6 fM häkeln. Den Faden abschneiden. Ein Stück Chenilledraht in den Stiel einsetzen und die Öffnung schließen. Den Stiel in Form biegen.

Augenringe (2 x arb.)

In Natur in eine Fadenschlinge 2 fM, 1 hStb, 4 Stb, 1 hStb und 2 fM arb., mit 1 KM schließen. Den Faden lang abschneiden. Die Augen jeweils durch die Mitte der Augenringe stecken und zwischen der 12. und 13. Körper-Rd einsetzen. Augenringe ringsum mit dem Endfaden am Körper festnähen.

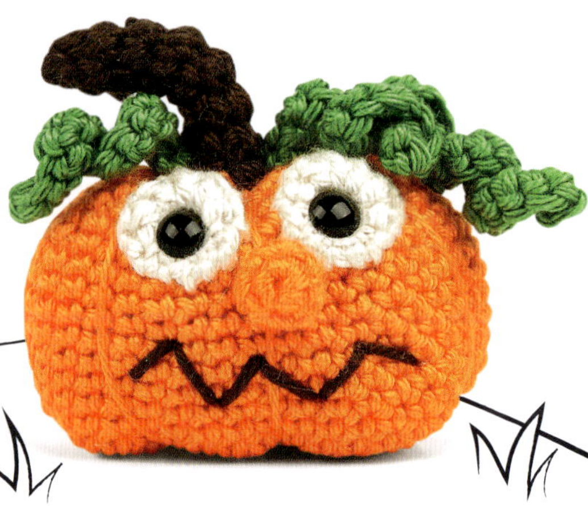

Sind Körper, Augen und Stiel fertig, den Kürbis mit Hilfe des orangefarbenen Endfadens in Segmente unterteilen. Dafür mit einer langen Stopfnadel 7 x von oben nach unten durch die Mitte des Kürbis stechen (Gesicht frei lassen) und die gespannten Fäden etwas anziehen, so entstehen Einbuchtungen und der Kürbis wird etwas kleiner. Restfaden vernähen.

Nase

In Orange im Grundmuster 1 arb. **1. Rd:** 4 fM. **2. Rd:** Jede 2. M verdopp. (= 6 M). **3. Rd:** Ohne Zunahmen häkeln, mit 1 KM schließen. Den Arbeitsfaden lang abschneiden. Die Nase annähen.

Locken

In Grün 2 lange und 1 kurze arb: Für die langen Locken jeweils 21 LfM und für die kurze 13 LfM anschlagen. In jede LfM ab der 2. M von der Nadel aus abwechselnd 1 x 1 fM und 1 x 2 fM häkeln. Die Locken um den Stiel herum annähen.

Fertigstellen: Einen Zick-Zack-Mund in Braun aufsticken (siehe Foto).

Fledermaus

Körper

Im Grundmuster 1 laut Grundmodell (Seite 4–7) arb., dabei jeweils die 1.–5. Rd der Beine in Rosa häkeln, danach in Hellgrau weiterhäkeln. Die Augen eng nebeneinander setzen.

Ohren (2 x arb.)

In Hellgrau im Grundmuster 1 arb. **1. Rd:** 4 fM. **2. Rd:** Jede 2. M verdopp. (= 6 M). **3. Rd:** Jede 3. M verdopp. (= 8 M). **4. Rd:** Ohne Zunahmen häkeln.

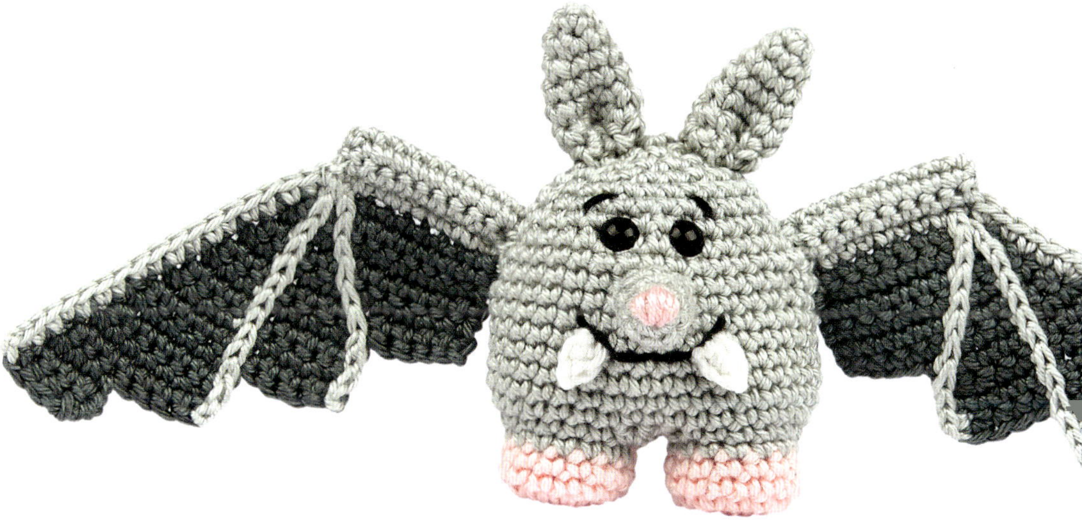

5. Rd: Jede 4. M verdopp. (= 10 M). **6. Rd:** Jede 5. M verdopp. (= 12 M). **7. Rd:** Jede 6. M verdopp. (= 14 M), mit 1 KM schließen. Den Arbeitsfaden lang abschneiden. Die Ohren flach drücken und leicht nach innen gebogen an den Kopf nähen.

Nase

In Hellgrau im Grundmuster 1 arb. **1. Rd:** 6 fM. **2. Rd:** Jede 3. M verdopp. (= 8 M). **3. Rd:** Ohne Zunahmen häkeln. **4. Rd:** Jede 4. M verdopp. (= 10 M), mit 1 KM schließen. Den Arbeitsfaden lang abschneiden. Die Nasenspitze in Rosa aufsticken. Die Nase ausstopfen und an den Körper nähen.

Zähne (2 x arb.)

In Weiß 3 LfM anschlagen. Ab der 2. M von der Nadel aus 1 fM, 1 hStb arb. Den Faden lang abschneiden und mit einer Stopfnadel an der Seite entlang durch die M zum Anfang führen. Einen Mund in Schwarz aufsticken. Die Zähne links und rechts am Mund annähen (siehe Foto).

Flügel (2 x arb.)

In Dunkelgrau im Grundmuster 2 arb. 10 LfM anschlagen. **1. R:** Die 1. LfM übergehen, 9 fM. **2. R:** 8 fM, 1 M verdopp. (= 10 M). **3. R:** 10 fM. **4. R:** 9 fM, 1 M verdopp. (= 11 M). **5. R:** 11 fM. **6. R:** 10 fM, 1 M verdopp. (= 12 M). **7. R:** 8 fM. **8. R:** 7 fM, 1 M verdopp. (= 9 M). **9. R:** 9 fM. **10. R:** 8 fM, 1 M verdopp. (= 10 M). **11. R:** 6 fM. **12. R:** 5 fM, 1 M verdopp. (= 7 M). **13. R:** 7 fM. **14. R:** 6 fM, 1 M verdopp. (= 8 M). **15.–16. R:** 4 fM. **17. R:** 2 fM, 2 M zus. abm. (= 3 M). Faden abschneiden und vernähen.

In Hellgrau auf die Flügel laut Foto 2 R KM häkeln, der Arbeitsfaden kommt dabei von unten. Vor dem Behäkeln des 2. Flügels, den Flügel umdrehen, damit er gegengleich behäkelt wird. Bei beiden Flügeln die äußere, gerade Flügelkante von der Spitze bis zum Ansatzpunkt mit fM in Hellgrau umhäkeln, dabei in die 1. R des Flügels 9 fM arb und anschließend für den Steg weitere 5 R im Grundmuster 2 arb. Den Faden lang abschneiden, den hellgrauen Steg zur Hälfte nach hinten umlegen, dabei ein Stück Chenilledraht einlegen und annähen. Die Flügel seitlich zwischen der 10. und 11. Rd am Körper annähen.

Fertigstellen: Über die Augen einen Heftstich in Schwarz sticken (siehe Foto).

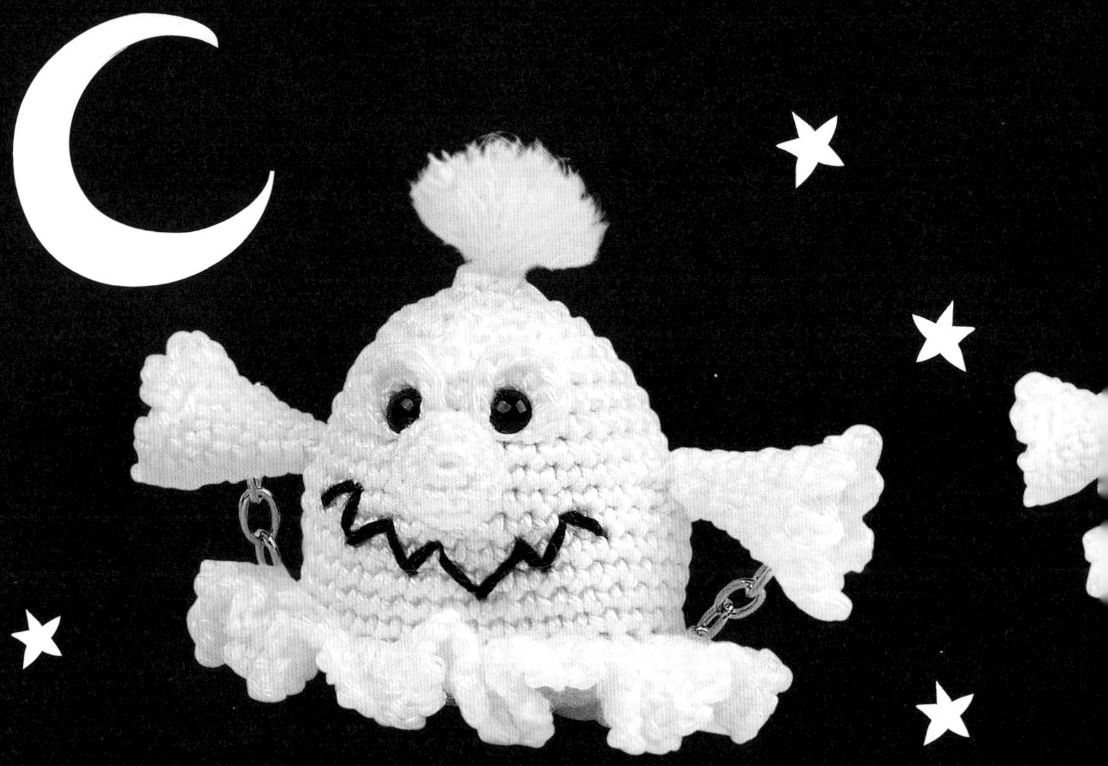

Geist

Körper

Den Boden in Weiß laut Grundmodell ohne Beine (Seite 7) arb. Dann im Grundmuster 1 laut Grundmodell (Seite 6–7) weiterarb., dafür mit der 3. Rd des Körpers beginnen.

Für die Haare in Weiß 10 Fäden von ca. 8 cm Länge zuschneiden. Die Fäden in der Mitte zusammenknoten. Vor dem Schließen des Kör pers den Knoten einlegen, so dass alle Fadenenden nach außen zeigen. Erst jetzt die Öffnung schließen und dabei die Haare mit festnähen. Die Haare auf die gewünschte Länge kürzen und mit einer Stopfnadel spalten.

Augenringe (2 x arb.)

In Weiß in eine Fadenschlinge 1 fM, 1 hStb, 3 Stb, 1 hStb und 1 fM arb., mit 1 KM schließen. Den Faden abschneiden und vernähen. Die Augen jeweils durch die Mitte der Augenringe stecken und zwischen der 12. und 13. Körper-Rd einsetzen.

Nase

In Weiß im Grundmuster 1 arb. **1. Rd:** 5 fM. **2. Rd:** Jede M verdopp. (= 10 M). **3.–4. Rd:** Ohne Zunahmen häkeln. **5. Rd:** Jede 4. und 5. M zus. abm. (= 8 M), mit 1 KM schließen. Den Arbeitsfaden lang abschneiden. Die Nase ausstopfen und an den Körper nähen.

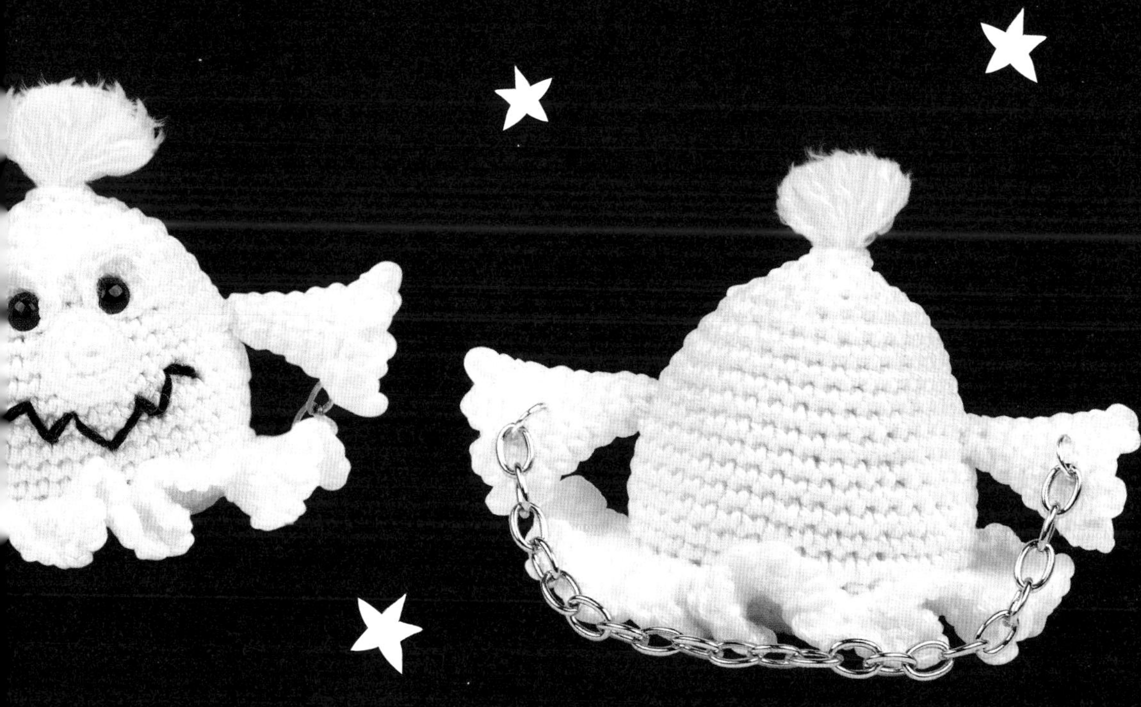

Arme (2 x arb.)

In Weiß im Grundmuster 1 arb. Ca. 20 cm vom Angangsfaden hängen lassen. **1. Rd:** 4 fM. **2. Rd:** Jede 2. M verdopp. (= 6 M). **3. Rd:** Jede 3. M ver dopp. (= 8 M). **4. Rd:** Jede 4. M verdopp. (= 10 M). **5. Rd:** Jede 5. M verdopp. (= 12 M). **6. Rd:** Jede 6. M verdopp. (= 14 M). **7. Rd:** * 1 fM, 1 Picot, 1 M übergehen, ab * insgesamt 7 x arb., mit 1 KM schließen. Den Arbeitsfaden abschneiden und vernähen. Die Arme mit dem Anfangsfaden an den Körper nähen.

Rock

In Weiß häkeln. Dabei den Körper so halten, dass die Augen nach unten zeigen. Seitlich am Körper nach der 3. Rd des Grundmodells neu anschlingen und ringsum 1 Rd mit 36 fM einhäkeln. **2. Rd:** In jede fM 2 Stb häkeln, dabei am Rd-Beginn das 1. Stb durch 2 LfM ersetzen und mit 1 KM in die 2. Anfangs-LfM schließen. **3. Rd:** In jedes Stb 1 fM arb., dazwischen jeweils 3 LfM häkeln, mit 1 KM schließen. Den Arbeitsfaden abschneiden und vernähen.

Fertigstellen: Einen Zick-Zack-Mund in Schwarz aufsticken (siehe Foto). Die Gliederkette als Rasselkette an den Armen annähen.

Kunterbunter Osterspaß

Hasenmann und Hasenfrau • Höhe: 9,0 cm • Aufwand:
Zubehör: Möhren, Ostereier

Material

Für den Hasenmann

- Wolle in Dunkelbraun, Hellbraun und Natur
- 2 schwarze Steckaugen, ø 6 mm

Für die Hasenfrau

- Wolle in Hellbraun und Rot
- 2 schwarze Steckaugen, ø 6 mm
- Wimpern

Für Möhren und Ostereier

- Wolle in Orange und Grün
- beliebige Wollreste
- Styroporei 25 mm

Außerdem

- Synthetische Füllwatte
- Wollrest in Schwarz

Grundmuster: Feste Maschen in Spiralrunden arbeiten, am Rundenübergang einen Faden einlegen, um ihn zu kennzeichnen. Die Maschen der 1. Runde in eine Fadenschlinge arbeiten. Um Maschen zu verdoppeln, 2 feste Maschen in 1 Einstichstelle arbeiten. Bei einem Farbwechsel bereits die letzte Masche mit der neuen Farbe abmaschen.

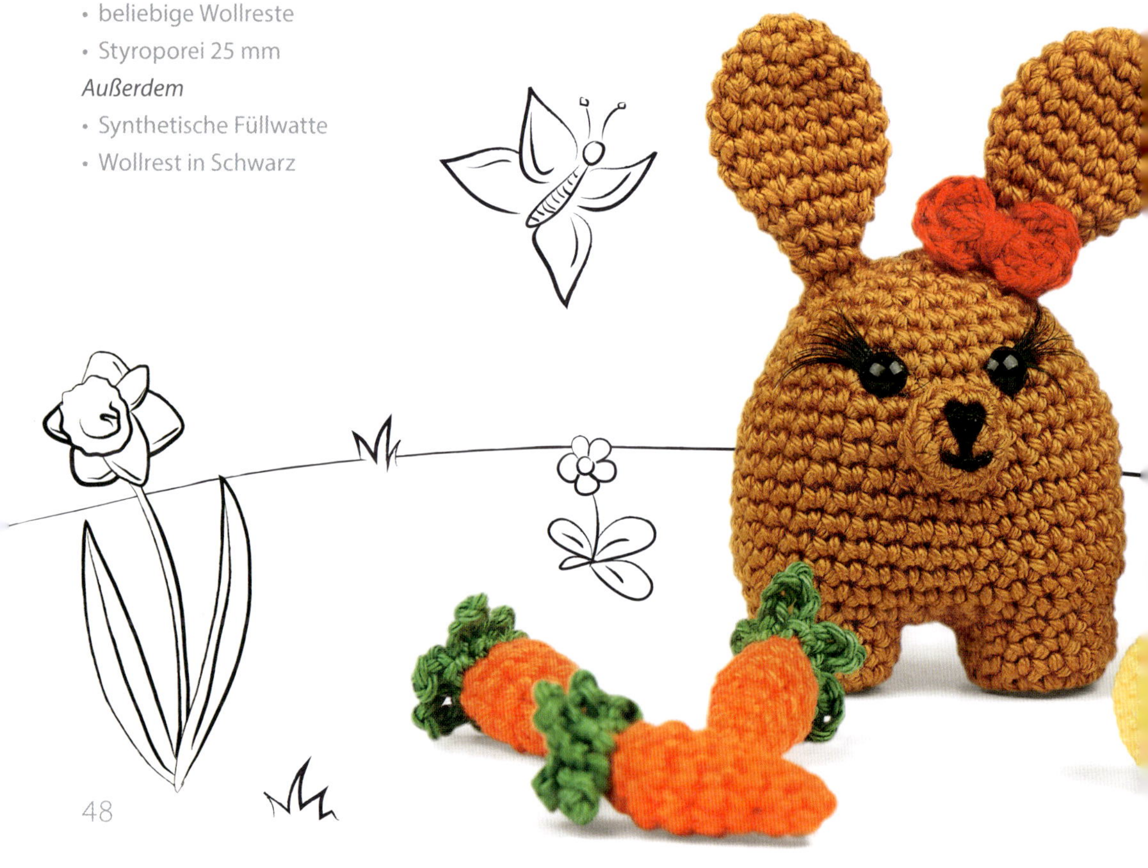

So wird's gemacht

Hasenmann

Körper

In Dunkelbraun im Grundmuster laut Grundmodell (Seite 4–7) arb.

Augenringe (2 x arb.)

In Natur arb. **1. Rd:** 6 fM in eine Fadenschlinge häkeln, mit 1 KM schließen. **2. Rd:** 1 KM, 1 fM, 1 hStb + 1 Stb in 1 Einstichstelle, 1 Stb + 1 hStb in 1 Einstichstelle, 1 fM, 1 KM. Den Faden lang abschneiden. Die Augen jeweils durch die Mitte der Augenringe stecken und den Augenring ringsum mit dem Endfaden am Körper festnähen.

Ohren (2 x arb.)

In Dunkelbraun im Grundmuster arb. **1. Rd:** 6 fM. **2. Rd:** Jede 2. M verdopp. (= 9 M). **3. Rd:** Jede 3. M verdopp. (= 12 M). **4. Rd:** Jede 4. M verdopp. (= 15 M). **5.–7. Rd:** Ohne Zunahmen häkeln. **8. Rd:** Jede 4. und 5. M zus. abm. (= 12 M). **9. Rd:** Jede 3. und 4. M zus. abm. (= 9 M). **10. Rd:** Jede 2. und 3. M zus. abm. (= 6 M). **11. Rd:** Ohne Abnahmen häkeln, mit 1 KM schließen. Den Arbeitsfaden lang abschneiden. Das 2. Ohr ebenso häkeln, jedoch die 1.–6. Rd in Hellbraun und die 7.–11. Rd in Dunkelbraun arb. Die Ohren laut Foto an den Kopf nähen.

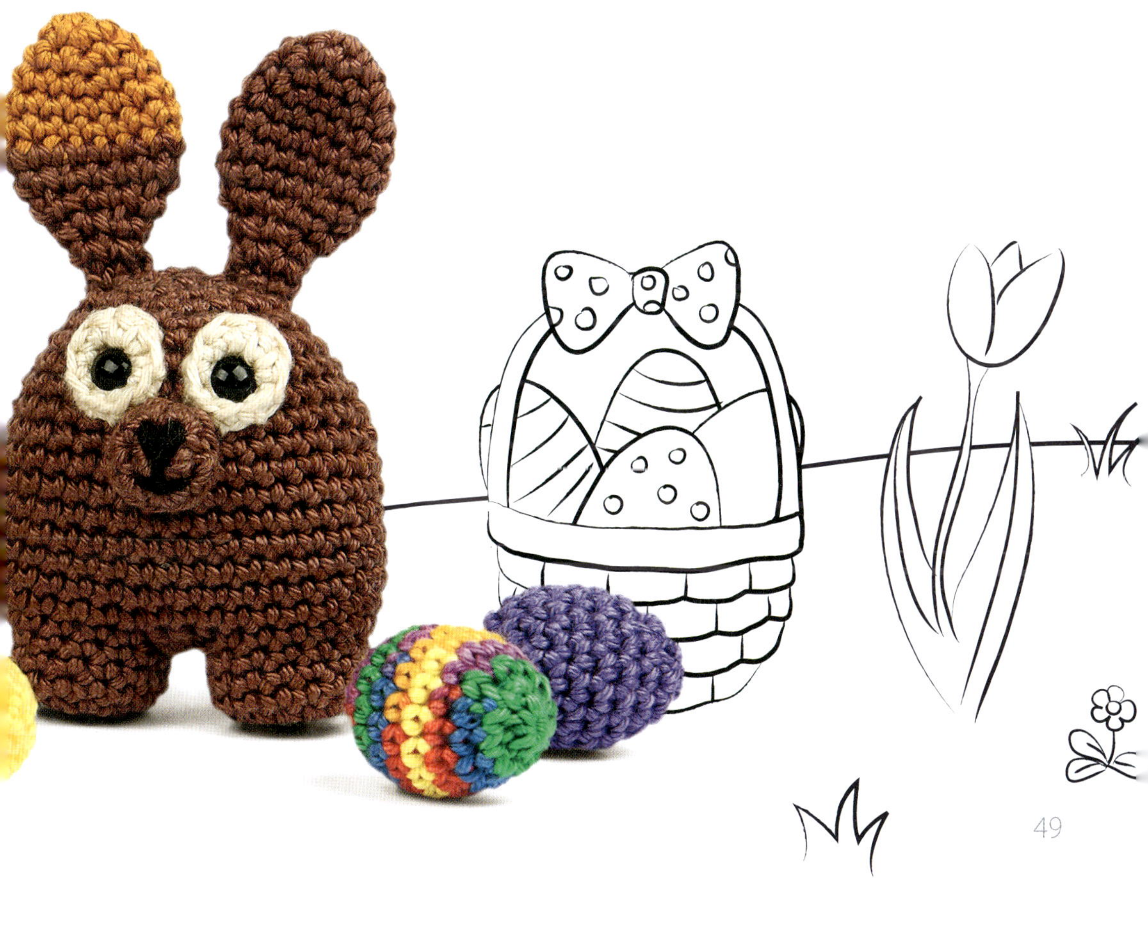

Schnauze

In Dunkelbraun im Grundmuster arb. **1. Rd:** 6 fM. **2. Rd:** Jede M verdopp. (= 12 M), mit 1 KM schließen. Den Arbeitsfaden lang abschneiden. Die Nase mit Schwarz aufsticken (siehe Foto). Die Schnauze beim Annähen an den Körper leicht ausstopfen.

Schwanz

In Hellbraun im Grundmuster arb. **1. Rd:** 4 fM. **2. Rd:** Jede M verdopp. (= 8 M), mit 1 KM schließen. Den Arbeitsfaden lang abschneiden und den Schwanz damit an den Körper nähen. Den Schwanz nicht ausstopfen.

Hasenfrau

Körper

In Hellbraun im Grundmuster laut Grundmodell (Seite 4–7) arb. Beim Einsetzen der Augen die Wimpern hinter das Auge kleben.

Ohren, Schnauze und Schwanz

In Hellbraun wie für den Hasenmann häkeln.

Schleife

4 LfM in Rot anschlagen und mit 1 KM zum Ring schließen. * 3 LfM, 3 Stb um den Ring, 3 LfM, 1 KM um den Ring, ab * insgesamt 2 x arb. Den Arbeitsfaden lang abschneiden. Die Schleife so legen, dass sich die beiden Flügel gegenüberliegen. Die Mitte mit dem Arbeitsfaden mehrmals fest umwickeln. Dann die Schleife ans Ohr nähen.

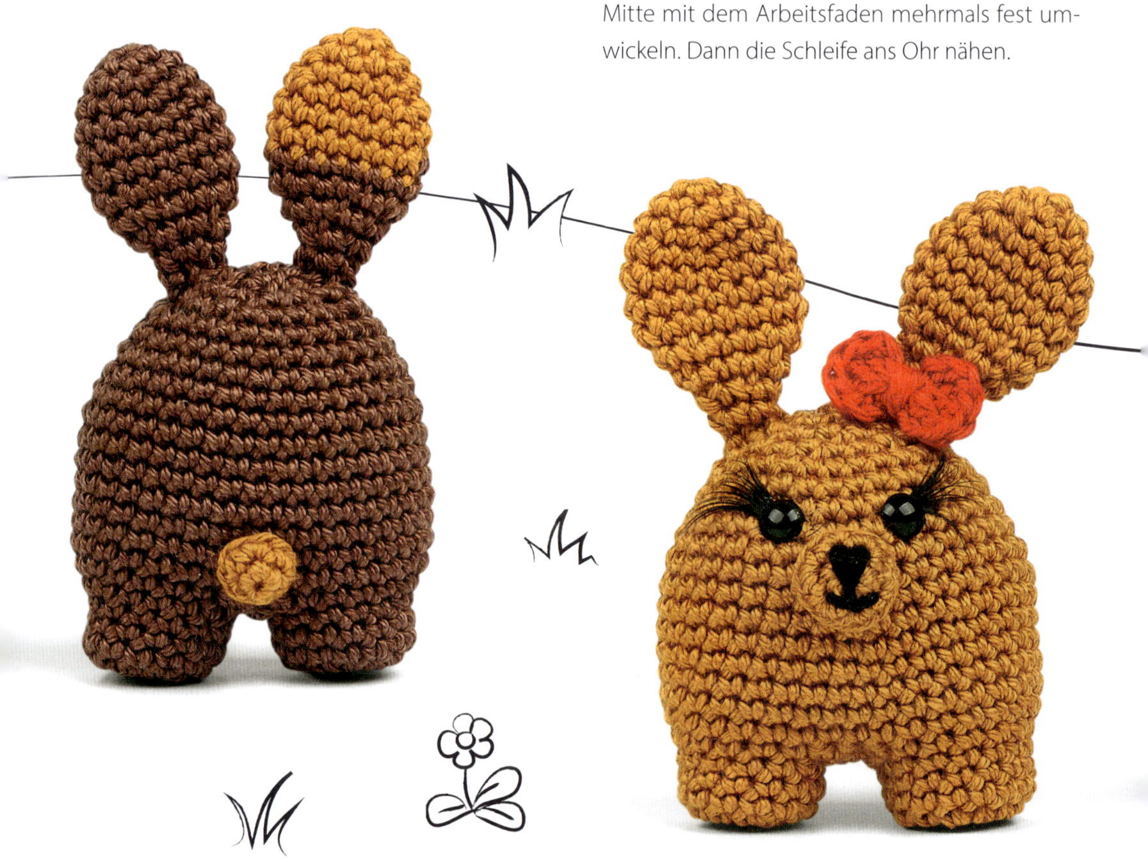

Möhre

In Orange im Grundmuster arb. **1. Rd:** 4 fM. **2. Rd:** Jede 2. M verdopp. (= 6 M). **3. Rd:** Ohne Zunahmen häkeln. **4. Rd:** Jede 3. M verdopp. (= 8 M). **5. Rd:** Ohne Zunahmen häkeln. **6. Rd:** Jede 4. M verdopp. (= 10 M). **7. Rd:** Jede 4. und 5. M zus. abm. (= 8 M). **8. Rd:** Jede 3. und 4. M zus. abm. (= 6 M), mit 1 KM schließen. Den Arbeitsfaden abschneiden und vernähen. Die Möhre leicht ausstopfen. Mit Grün neu anschlingen. Die 6 fM der letzten Rd wie folgt behäkeln: * 1 KM + 6 LfM + 1 KM in 1 Einstichstelle, 1 KM + 7 LfM + 1 KM in 1 Einstichstelle, ab * insgesamt 3 x arb. Den Faden abschneiden, die Öffnung zusammenziehen und den Faden vernähen.

Osterei

In beliebigen Farben im Grundmuster arb. **1. Rd:** 5 fM. **2. Rd:** Jede M verdopp. (= 10 M). **3. Rd:** Jede 2. M verdopp. (= 15 M). **4.–8. Rd:** Ohne Zunahmen häkeln. Das Styroporei einsetzen. **9. Rd:** Jede 4. und 5. M zus. abm. (= 12 M). **10. Rd:** Jede 3. und 4. M zus. abm. (= 9 M). Den Arbeitsfaden lang abschneiden, durch die äußeren Maschenglieder der letzten Rd führen und die Öffnung fest zusammenziehen. Faden vernähen.

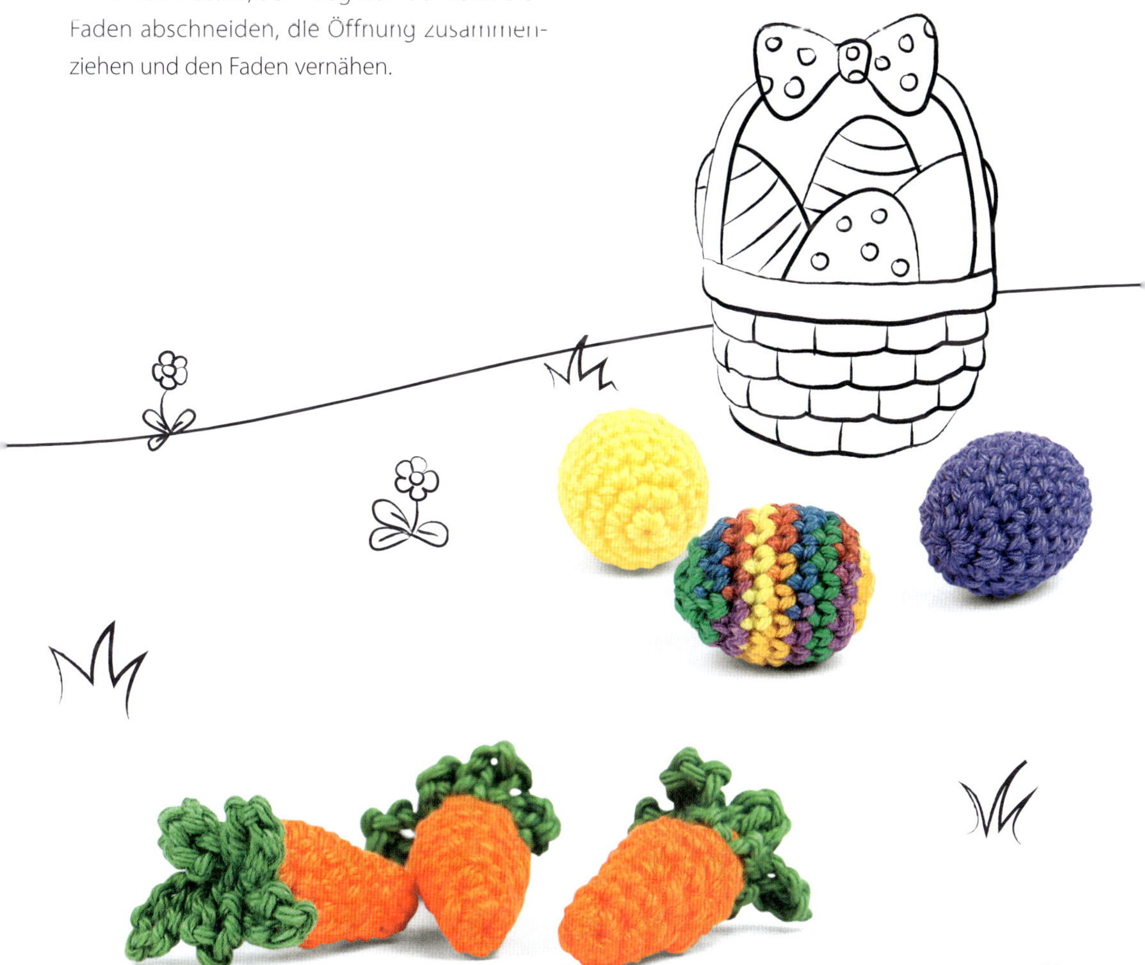

Auf der Koppel

Pferd • Höhe: 7,0 cm • Aufwand: 🧶
Esel • Höhe: 7,5 cm • Aufwand: 🧶

Material

Für das Pferd

- Wolle in Hellbraun, Dunkelbraun und Natur
- 2 schwarze Steckaugen, ø 6 mm

Für den Esel

- Wolle in Hellgrau und Dunkelgrau
- 2 schwarze Steckaugen, ø 6 mm

Außerdem

- Synthetische Füllwatte

Grundmuster: Feste Maschen in Spiralrunden arbeiten, am Rundenübergang einen Faden einlegen, um ihn zu kennzeichnen. Die Maschen der 1. Runde in eine Fadenschlinge arbeiten. Um Maschen zu verdoppeln, 2 feste Maschen in 1 Einstichstelle arbeiten. Bei einem Farbwechsel bereits die letzte Masche mit der neuen Farbe abmaschen.

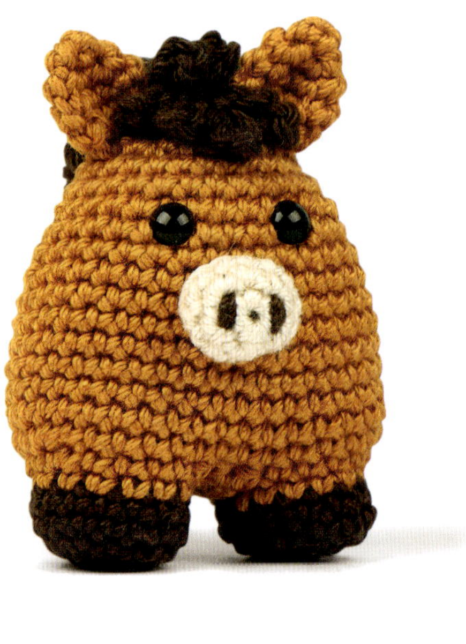

So wird's gemacht

Pferd

Körper

Im Grundmuster laut Grundmodell (Seite 4–7) arb., dabei die 1.–5. Rd der Beine in Dunkelbraun arb., dann in Hellbraun weiterhäkeln.

Ohren (2 x arb.)

In Hellbraun im Grundmuster arb. **1. Rd:** 4 fM. **2. Rd:** Jede 2. M verdopp. (= 6 M). **3. Rd:** Jede M verdopp. (= 12 M). **4. Rd:** Jede 5. und 6. M zus. abm. (= 10 M). **5. Rd:** Jede 4. und 5. M zus. abm. (= 8 M), mit 1 KM schließen. Den Arbeitsfaden lang abschneiden. Die Ohren etwas zusammenknicken und an den Kopf nähen.

Nase

In Natur im Grundmuster arb. **1. Rd:** 6 fM. **2. Rd:** Jede M verdopp. (= 12 M). **3. Rd:** Ohne Zunahmen häkeln, mit 1 KM schließen. Den Arbeitsfaden lang abschneiden. Die Nüstern in Dunkelbraun aufsticken (siehe Foto). Die Nase beim Annähen an den Körper leicht ausstopfen.

Schwanz

In Dunkelbraun 5 Fäden von ca. 7 cm Länge schneiden und am Rücken einknüpfen. Einen Knoten binden und auf die gewünschte Länge kürzen. Die Fäden mit einer Stopfnadel spalten, so dass der Schwanz schön buschig wird.

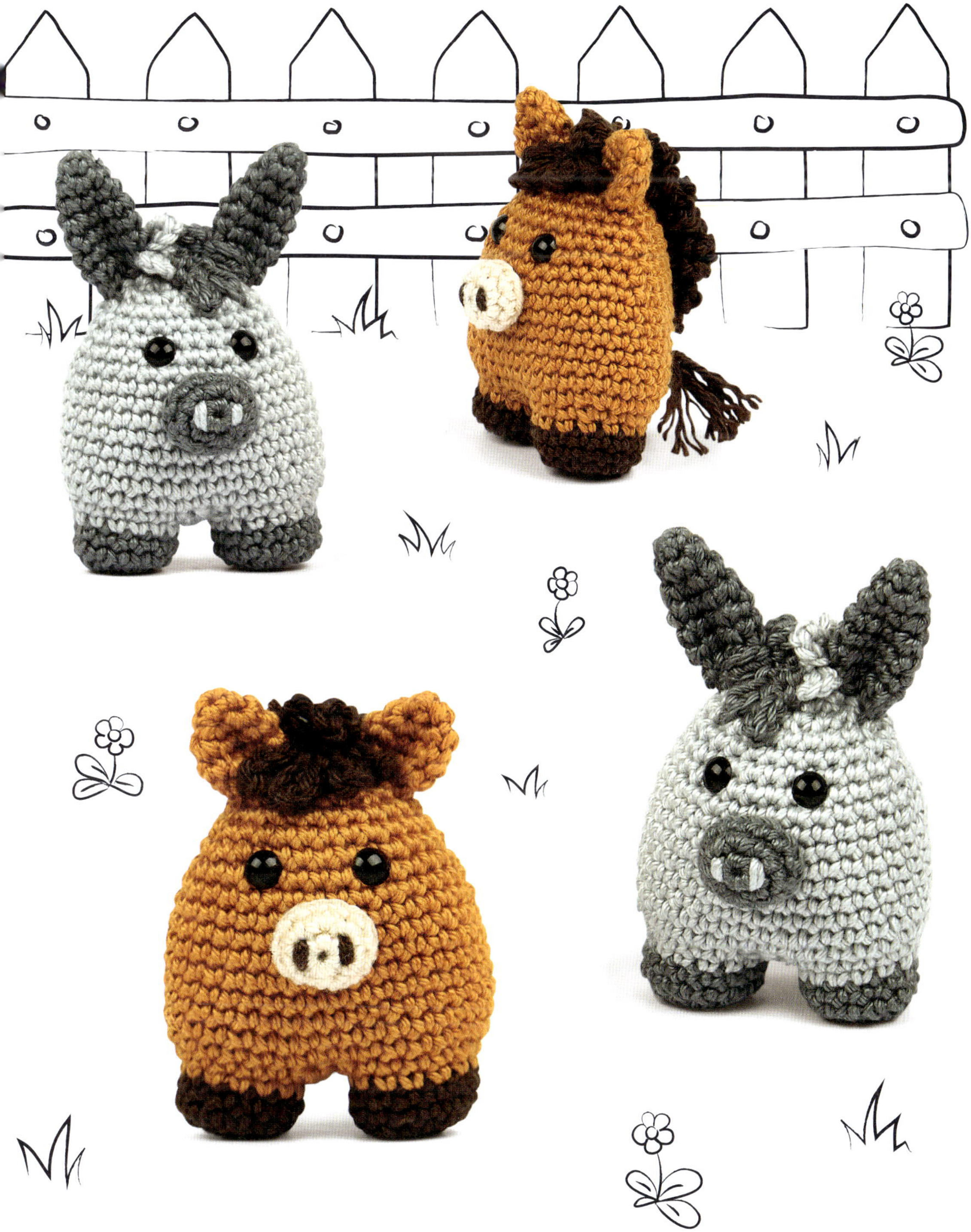

Mähne

In Dunkelbraun 12 LfM anschlagen. Ab der 2. M von der Nadel aus 11 fM häkeln, wenden. In jede fM 2 Schlingen aus je 7 LfM + 1 KM arb. Sind alle 11 fM behäkelt, die Arbeit drehen und die Unterseite des LfM-Anschlags ebenso überhäkeln. Den Arbeitsfaden lang abschneiden und damit die Mähne so am Hinterkopf festnähen, dass ein paar Haare nach vorne zeigen (siehe Foto).

Esel

Körper

Im Grundmuster laut Grundmodell (Seite 4–7) arb., dabei jeweils die 1.–5. Rd der Beine in Dunkelgrau häkeln, danach in Hellgrau weiterhäkeln.

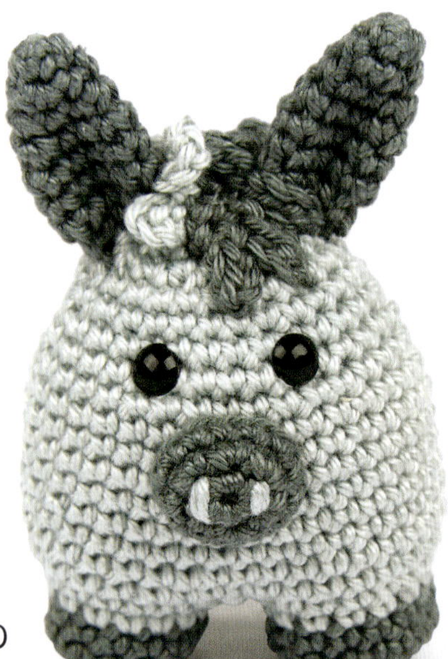

Ohren (2 x arb.)

In Dunkelgrau im Grundmuster arb. **1. Rd:** 4 fM. **2. Rd:** Jede 2. M verdopp. (= 6 M). **3. Rd:** Jede 3. M verdopp. (= 8 M). **4. Rd:** Jede 4. M verdopp. (= 10 M). **5.–7. Rd:** Ohne Zunahmen arb. **8. Rd:** Jede 4. und 5. M zus. abm. (= 8 M), mit 1 KM schließen. Den Arbeitsfaden lang abschneiden. Die Ohren nicht ausstopfen, sondern flach drücken und leicht nach innen gebogen an den Kopf nähen.

Nase

In Dunkelgrau im Grundmuster arb. **1. Rd:** 6 fM. **2. Rd:** Jede M verdopp. (= 12 M). **3. Rd:** Ohne Zunahmen häkeln, mit 1 KM schließen. Den Arbeitsfaden lang abschneiden. Die Nüstern in Hellgrau aufsticken (siehe Foto). Die Nase beim Annähen an den Körper leicht ausstopfen.

Schwanz

5 LfM in Hellgrau anschlagen und ab der 2. M von der Nadel aus mit 4 fM behäkeln. Den Arbeitsfaden lang abschneiden und den Schwanz am Körper festnähen. Am Ende 2 Fäden in Hellgrau und 1 Faden in Dunkelgrau einknüpfen und auf die gewünschte Länge kürzen.

Mähne

7 LfM in Dunkelgrau anschlagen und ab der 2. M von der Nadel aus 6 fM häkeln, wenden. In jede fM 1 Schlinge aus 6 LfM + 1 KM arb. Sind alle 6 fM behäkelt, die Arbeit drehen und die Unterseite des LfM-Anschlags in Hellgrau ebenso überhäkeln. Den Arbeitsfaden lang abschneiden und damit die Mähne so am Hinterkopf festnähen, dass ein paar Haare nach vorne zeigen (siehe Foto).

Der Weihnachtsmann ist da!

Weihnachtsmann • Höhe: 8,5 cm • Aufwand: 3/3
Rentier • Höhe: 9,0 cm • Aufwand: 2/3
Sack • Höhe: 6,0 cm • Aufwand: 1/3

Material

Für den Weihnachtsmann

- Wolle in Rot, Weiß, Hautfarbe und Schwarz
- Flauschgarn in Weiß
- 2 schwarze Steckaugen, ø 5 mm
- 1 rote Holzperle, ø 8 mm
- 1 Glöckchen, ø 9 mm

Für das Rentier

- Wolle in Braun, Dunkelbraun, Natur, Rot und Schwarz
- 2 schwarze Steckaugen, ø 6 mm

Für den Sack

- Wolle in Dunkelbraun und Orange
- 2 rote Holzperlen, ø 6 mm

Außerdem

- Synthetische Füllwatte
- Chenilledraht

Grundmuster: Feste Maschen in Spiralrunden arbeiten, am Rundenübergang einen Faden einlegen, um ihn zu kennzeichnen. Die Maschen der 1. Runde in eine Fadenschlinge arbeiten. Um Maschen zu verdoppeln, 2 feste Maschen in 1 Einstichstelle arbeiten. Bei einem Farbwechsel bereits die letzte Masche mit der neuen Farbe abmaschen.

So wird's gemacht

Weihnachtsmann

Körper

Im Grundmuster laut Grundmodell (Seite 4–7) arb., dabei jeweils die 1.–5. Rd der Beine in Schwarz häkeln, danach in Rot weiterhäkeln. Ab der 9. Rd des Körpers das Gesicht in Hautfarbe wie folgt einarbeiten: **9. Rd:** In Rot 8 fM, 2 M zus. abm., 3 fM, in Hautfarbe 10 fM, in Rot 3 fM, 2 M zus. abm., 8 fM (= 34 M). **10. Rd:** In Rot 8 fM, 2 M zus. abm., 2 fM, in Hautfarbe 10 fM, in Rot 3 fM, 2 M zus. abm., 7 fM (= 32 M). **11. Rd:** In Rot 7 fM, 2 M zus. abm., 2 fM, in Hautfarbe 10 fM, in Rot 2 fM, 2 M zus. abm., 7 fM (= 30 M). **12. Rd:** In Rot 7 fM, 2 M zus. abm., 2 fM, in Haut-

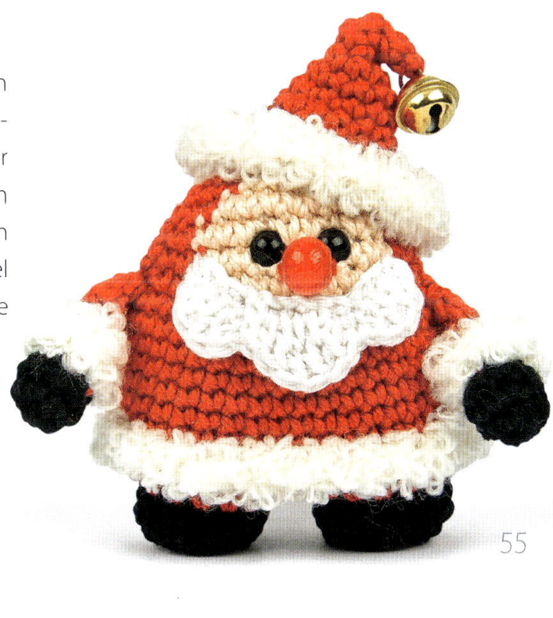

farbe 9 fM, in Rot 2 fM, 2 M zus. abm., 6 fM (= 28 M). **13. Rd:** In Rot 6 fM, 2 M zus. abm., 3 fM, in Hautfarbe 7 fM, in Rot 2 fM, 2 M zus. abm., 6 fM (= 26 M). **14. Rd:** In Rot 6 fM, 2 M zus. abm., 4 fM, in Hautfarbe 4 fM, in Rot 3 fM, 2 M zus. abm., 5 fM (= 24 M). **15.–17. Rd:** In Rot arb. Die Augen etwas enger nebeneinander setzen.

Mantelrand

Mit Flauschgarn in Weiß häkeln, dabei den Körper so halten, dass die Augen nach unten zeigen. Seitlich am Körper vor der 3. Rd des Grundmodells neu anschlingen und ringsum 1 Rd fM einhäkeln. Den Arbeitsfaden abschneiden und vernähen.

Bart

In Weiß arb. 13 LfM anschlagen und ab der 2. M von der Nadel aus die LfM-Kette wie folgt behäkeln: 1 fM, 1 hStb + 1 Stb in 1 Einstichstelle, 1 Stb + 1 hStb in 1 Einstichstelle, 1 fM, 1 hStb + 1 Stb in 1 Einstichstelle, 2 DStb, 1 Stb + 1 hStb in 1 Einstichstelle, 1 fM, 1 hStb + 1 Stb in 1 Einstichstelle, 1 Stb + 1 hStb in 1 Einstichstelle, 1 fM. Den Arbeitsfaden lang abschneiden. Den Bart am unteren Gesichtsrand annähen (siehe Foto).

Arm (2 x arb.)

Mit Schwarz im Grundmuster arb. **1. Rd:** 6 fM. **2. Rd:** Jede 2. M verdopp. (= 9 M). **3. Rd:** Ohne Zunahmen häkeln. Farbwechsel zu Rot. **4. Rd:** Jede 2. und 3. M zus. abm. (= 6 M). **5.–7. Rd:** Ohne Abnahmen häkeln. Die Hand leicht ausstopfen. Den Arm selbst nicht ausstopfen, sondern flach drücken und die offenen Kanten mit 2 fM zus. häkeln. Den Arbeitsfaden lang abschneiden. Um die 4. Rd des Armes mit Flauschgarn in Weiß 6 fM häkeln. Die Arme links und rechts am Körper unterhalb der 10. Rd annähen.

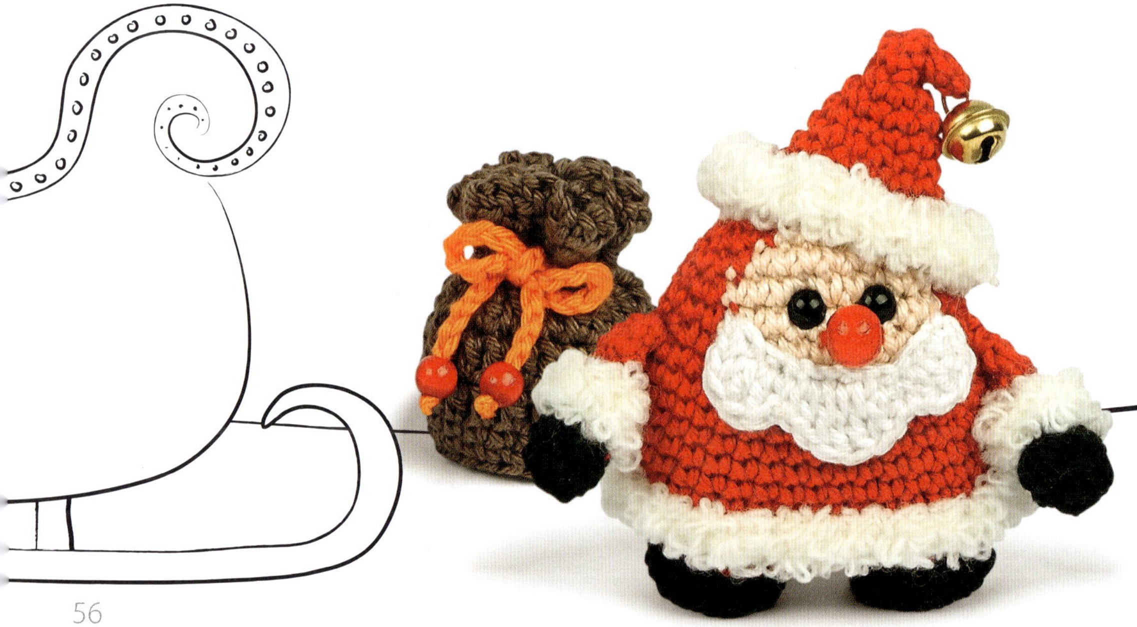

Mütze

In Rot im Grundmuster arb. Einen ca. 20 cm langen Anfangsfaden lassen. **1. Rd:** 4 fM. **2. Rd:** Ohne Zunahmen häkeln. **3. Rd:** Jede 2. M verdopp. (= 6 M). **4. Rd:** Ohne Zunahmen häkeln. **5. Rd:** Jede 2. M verdopp. (= 9 M). **6. Rd:** 4 fM, 1 M verdopp., 4 fM (= 10 M). **7. Rd:** Jede 5. M verdopp. (= 12 M). **8. Rd:** Ohne Zunahmen häkeln. **9. Rd:** Jede 3. M verdopp. (= 16 M). **10. Rd:** Ohne Zunahmen häkeln. **11. Rd:** Jede 4. M verdopp. (= 20 M). **12. Rd:** Jede 5. M verdopp. (= 24 M), mit 1 KM schließen. Den Arbeitsfaden lang abschneiden. Als Abschluss mit Flauschgarn 1 Runde fM häkeln. Den Arbeitsfaden abschneiden und vernähen. Mit dem roten Anfangsfaden das Glöckchen an die Mütze nähen. Die Mütze etwas schräg auf den Kopf setzen und mit dem lang abgeschnittenen roten Endfaden rundherum annähen.

Fertigstellen: Die Nasenperle knapp über dem Bart annähen (siehe Foto).

Rentier

Körper

Im Grundmuster laut Grundmodell (Seite 4–7) arb. Die Beine in Dunkelbraun arb., den Häkelsteg und den restlichen Körper in Braun häkeln.

Ohren (2 x arb.)

In Braun im Grundmuster arb. **1. Rd:** 6 fM. **2. Rd:** Jede 3. M verdopp. (= 8 M). **3. Rd:** Jede 2. M verdopp. (= 12 M). **4. Rd:** Ohne Zunahmen häkeln. **5. Rd:** Jede 2. und 3. M zus. abm. (= 8 M). **6. Rd:** Jede 3. und 4. M zus. abm. (= 6 M), mit 1 KM schließen. Den Arbeitsfaden lang abschneiden. Die Ohren flach drücken und leicht nach innen gebogen seitlich an den Kopf nähen.

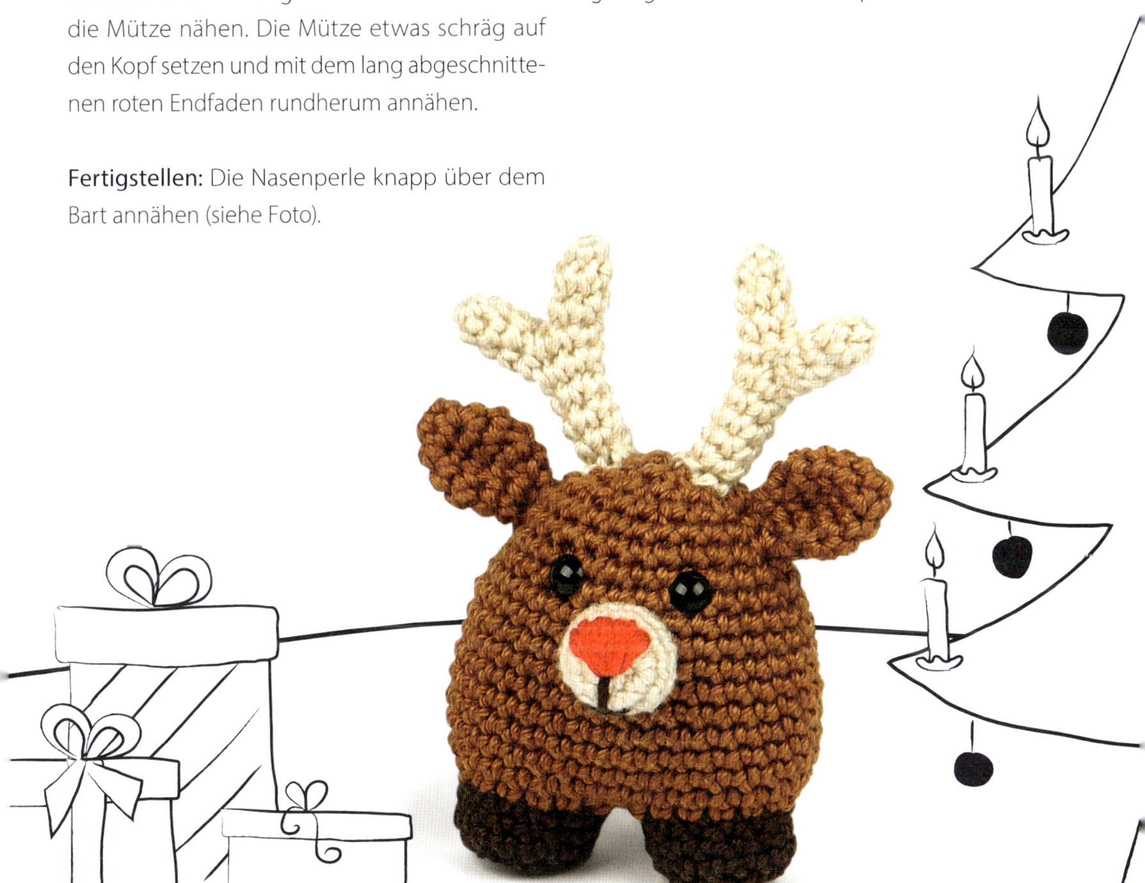

Geweih (2 x arb.)

In Natur im Grundmuster arb. **Teil 1: 1.–4. Rd:** 5 fM. Den Faden abschneiden und vernähen.

Teil 2: 1.–4. Rd: 6 fM. Den Faden nicht abschneiden, sondern nachfolgend Teil 1 und 2 im Zusammenhang überhäkeln. **5. Rd:** 1 fM auf Teil 2 und 1 fM auf Teil 1, beide zus. abm., 3 fM auf Teil 1 arb., 1 M auf Teil 1 und 1 M auf Teil 2, beide zus. abm., 4 fM auf Teil 2 arb. (= 9 M). Teil 1 leicht ausstopfen. **6. Rd:** Jede 2. und 3. M zus. abm. (= 6 M). **7.–9. Rd:** 6 fM, mit 1 KM schließen. Den Faden lang abschneiden. In das Teil 2 ein Stück Chenilledraht einlegen. Das Geweih am Kopf zwischen den Ohren annähen. Darauf achten, dass das Teil 1 jeweils nach außen zeigt. Das Geweih in Form biegen.

Schnauze

In Natur im Grundmuster arb. **1. Rd:** 6 fM. **2. Rd:** Jede M verdopp. (= 12 M). **3. Rd:** Ohne Zunahmen häkeln. **4. Rd:** Jede 4. M verdopp. (= 15 M), mit 1 KM schließen. Den Arbeitsfaden lang abschneiden. Die Nasenspitze in Rot und den Mund in Schwarz aufsticken (siehe Foto). Die Schnauze ausstopfen und an den Körper nähen.

Schwanz

In Braun im Grundmuster arb. **1. Rd:** 6 fM. **2. Rd:** Ohne Zunahmen häkeln. **3. Rd:** Jede 3. M verdopp. (= 8 M), mit 1 KM schließen. Den Arbeitsfaden lang abschneiden und den Schwanz damit an den Körper nähen. Den Schwanz nicht ausstopfen.

Sack

In Braun im Grundmuster arb. **1. Rd:** 6 fM. **2. Rd:** Jede M verdopp. (= 12 M). **3. Rd:** Jede 2. M verdopp. (= 18 M). **4. Rd:** Jede 3. M verdopp. (= 24 M). **5. Rd:** 24 fM nur in das hintere Maschenglied häkeln. **6. Rd:** 24 fM, mit 1 KM schließen. **7.–9. Rd:** Jeweils 24 Stb, dabei für das 1. Stb 2 LfM arb., mit 1 KM in die 2. Anfangs-LfM schließen. **10. Rd:** * 1 hStb + 1 LfM, 1 M übergehen, ab * insgesamt 12 x arb. **11. Rd:** 24 hStb., mit 1 KM schließen. **12. Rd:** Als Zackenkante in jedes hStb der Vorrunde 1 fM + 3 LfM häkeln, mit 1 KM schließen. Den Faden abschneiden und vernähen.

In Orange ein Band aus 55 LfM häkeln. Dabei einen langen Anfangs- und Endfaden lassen. Das Band durch die „Löcher" der 10. Rd fädeln, den Sack ausstopfen, Band zur Schleife binden. Auf die Faden-Enden des Bandes die roten Holzperlen auffädeln und mit einem Knoten sichern. Den Restfaden abschneiden.

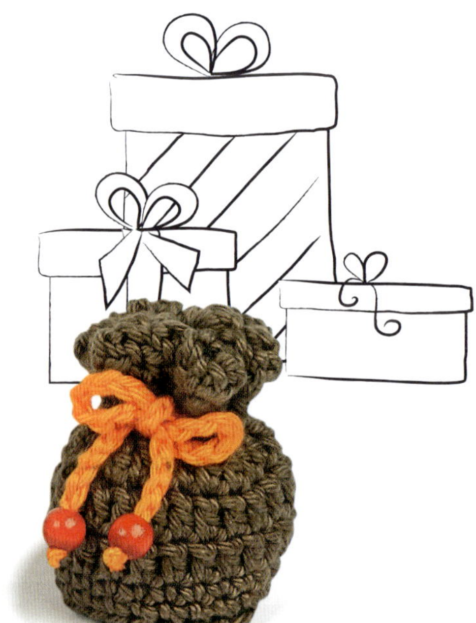

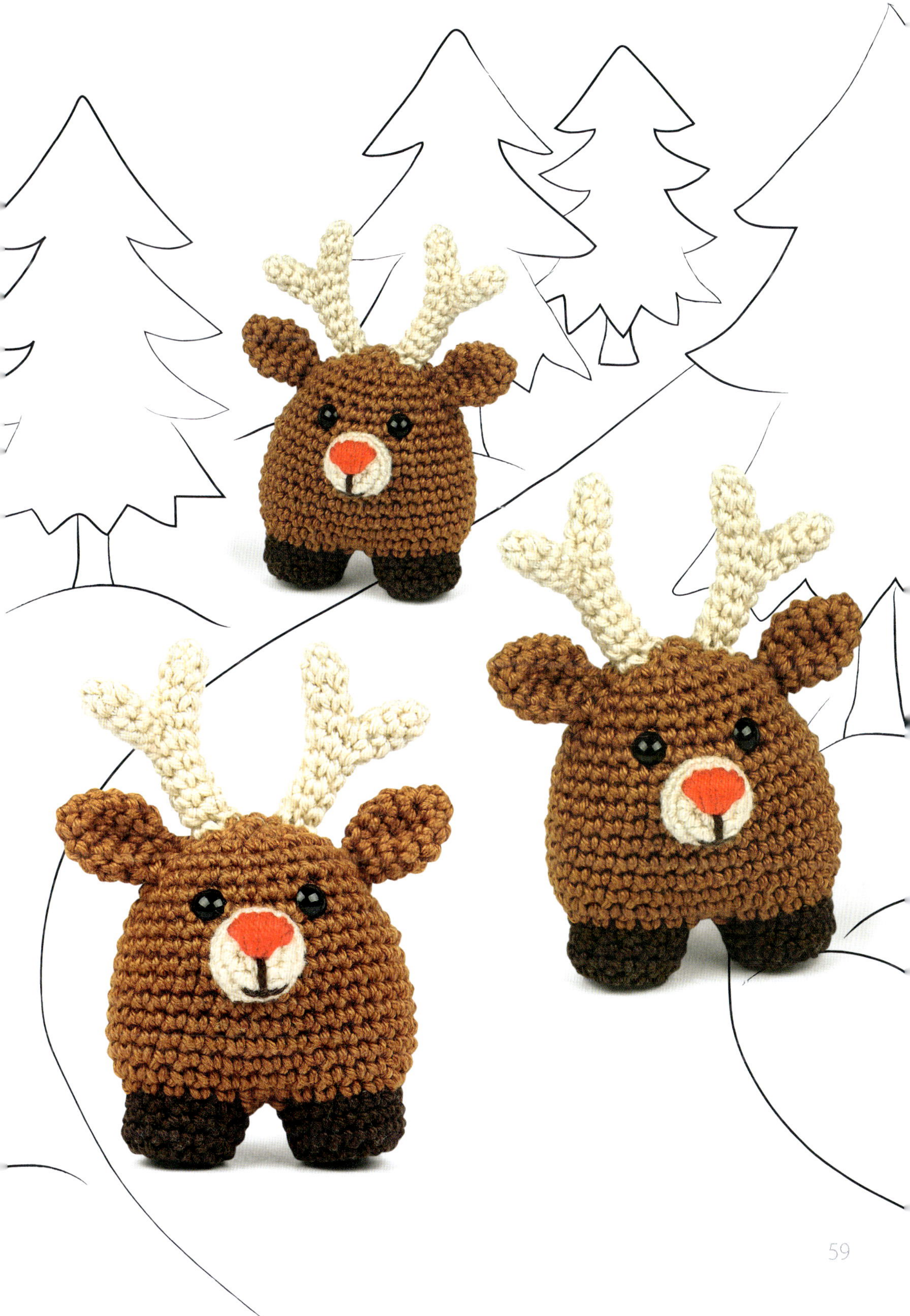

Schlaue Fuchs-Tasche

Mini-Täschchen • Höhe: 6,5 cm • Aufwand:

Material

- Wolle in Rot und Weiß
- 2 schwarze Steckaugen, ø 6 mm
- 1 schwarze Holzperle, ø 10 mm
- Synthetische Füllwatte

Grundmuster 1: Feste Maschen in Spiralrunden arbeiten. Die Maschen der 1. Runde in eine Fadenschlinge arbeiten. Um Maschen zu verdoppeln, 2 feste Maschen in 1 Einstichstelle arbeiten. Bei einem Farbwechsel bereits die letzte Masche mit der neuen Farbe abmaschen.

Grundmuster 2: Feste Maschen in Runden arbeiten. Jede Runde mit 1 Luftmasche beginnen und mit 1 KM in die Anfangs-LfM schließen. Um Maschen zu verdoppeln, 2 feste Maschen in 1 Einstichstelle arbeiten.

Grundmuster 3: Feste Maschen in hin- und hergehenden Reihen arbeiten, dabei nach jeder R mit 1 zusätzlichen Luftmasche wenden.

So wird's gemacht

Boden

In Rot im Grundmuster 2 arb. **1. Rd:** 6 fM in eine Fadenschlinge häkeln. **2. Rd:** Jede M verdoppeln (= 12 M). **3. Rd:** Jede 2. M verdopp. (= 18 M). **4. Rd:** Jede 3. M verdopp. (= 24 M). **5. Rd:** Jede 4. M verdopp. (= 30 M). **6. Rd:** Ohne Zunahmen häkeln, dabei stets in das hintere Maschenglied einstechen.

Taschenteil

Im Grundmuster 1 weiterarb. Für den Rundenanfang einen Markierungsfaden einlegen. 14 Rd mit je 30 fM häkeln. Die letzte Rd mit 1 KM schließen. Den Faden nicht abschneiden.

Taschenklappe

Im Grundmuster 3 weiterarb. **1. R:** 1 LfM, 9 fM. **2. R:** 1 M verdopp., 7 fM, 1 M verdopp. (= 11 M). **3.–5. R:** Ohne Zunahmen häkeln. **6. R:** 2 M zus. abm., 7 fM, 2 M zus. abm. (= 9 M). **7. R:** 2 M zus. abm., 5 fM, 2 M zus. abm. (= 7 M). **8. R:** Ohne Abnahmen häkeln. **9. R:** 2 M zus. abm., 3 fM, 2 M zus. abm. (= 5 M). **10. R:** 2 M zus. abm., 1 fM, 2 M zus. abm. (= 3 M). **11. R:** 2 M zus. abm., 1 fM (= 2 M). Den Faden abschneiden und vernähen.

Ohren (2 x arb.)

Die Ohren über je 3 M links und rechts der Taschenklappe häkeln. In Rot neu anschlingen und im Grundmuster 3 arb. **1. und 2. R:** 3 fM. **3. R:** 2 M zus. abm., 1 fM (= 2 M). **4. R:** 2 M zus. abm. (= 1 M). Den Faden abschneiden und vernähen.

Schwanz

Im Grundmuster 1 arb. Mit Weiß beginnen. **1. Rd:**

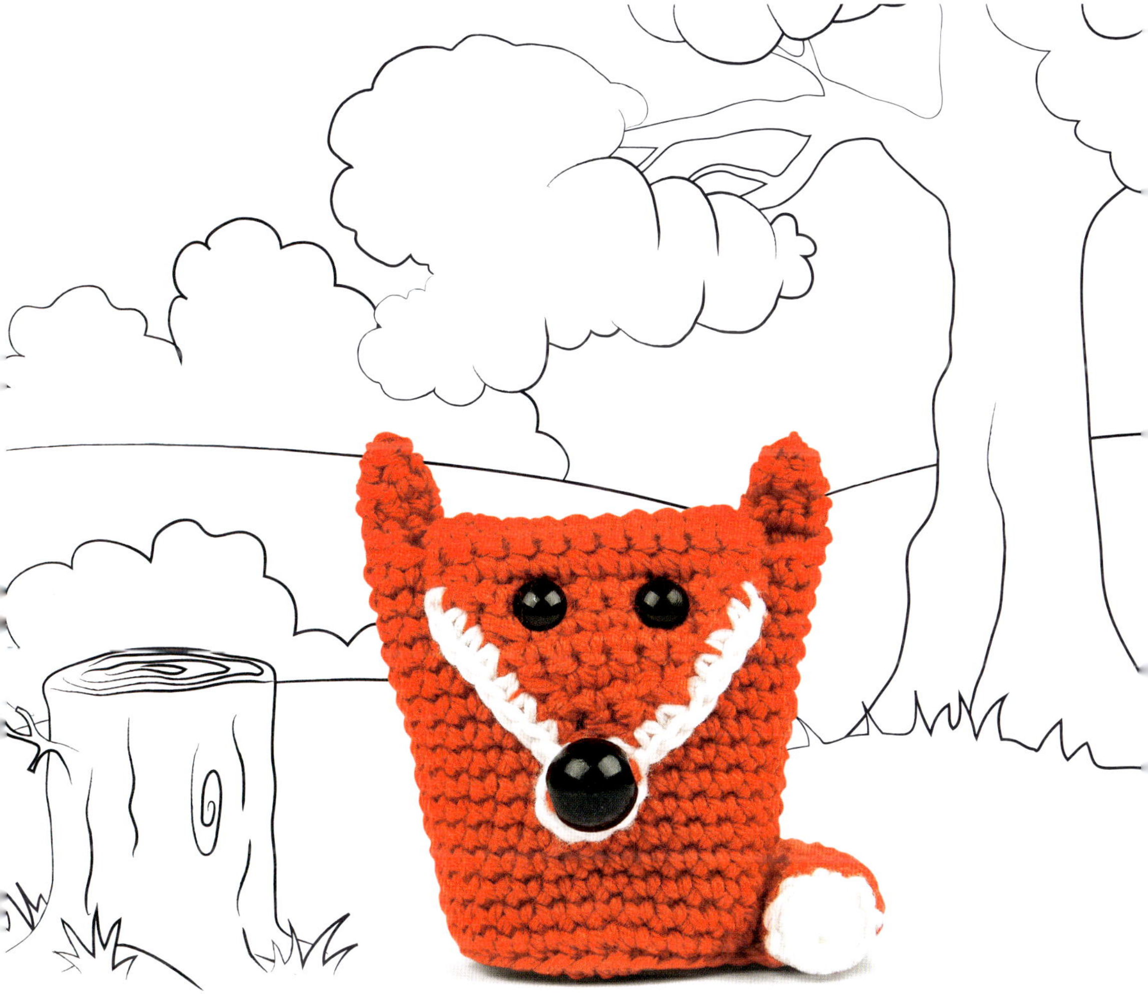

4 fM. **2. Rd:** Jede M verdopp. (= 8 M). **3. Rd:** Ohne Zunahmen häkeln. Farbwechsel zu Rot. **4. Rd:** Jede 4. M verdopp. (= 10 M). **5.–10. Rd:** Ohne Zunahmen häkeln. **11. Rd:** Jede 4. und 5. M zus. abm. (= 8 M). **12.–16. Rd:** Ohne Abnahmen häkeln. **17. Rd:** Jede 3. und 4. M zus. abm. (= 6 M). **18. Rd:** Ohne Abnahmen häkeln. Den Schwanz nicht ausstopfen, sondern am Ende flach drücken und die offenen Kanten mit 3 fM zusammen häkeln. Den Faden lang abschneiden und den Schwanz hinten mittig an den Körper nähen. Dann den Schwanz nach vorne biegen und seitlich an der 6. Rd des Bodens annähen.

Fertigstellen: Die Taschenklappe ab der 6. Reihe mit fM in Weiß umhäkeln, dabei an der Spitze für die Öse 7 LfM arb. Die Holzperle als Nase zum Verschießen zwischen der 6. und 7. Rd des Körpers annähen. Die Steckaugen einsetzen (siehe Foto). Zum Schließen des Täschchens die Öse über die Holzperle ziehen.

Grundkurs Häkeln

Anschlagknoten/Luftmasche

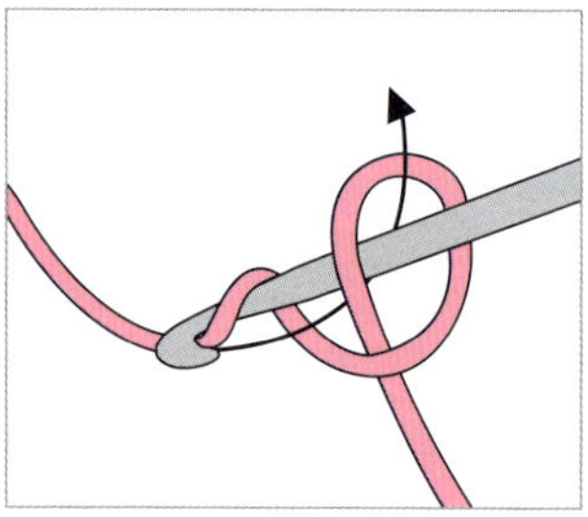

Den Faden zur Schlinge legen. Mit der Nadel durch die Schlinge stechen, den Faden holen und durchziehen, dann das Faden-Ende fest anziehen = Anfangsknoten. Für jede weitere Luftmasche den Faden holen und durchziehen.

Fadenschlinge

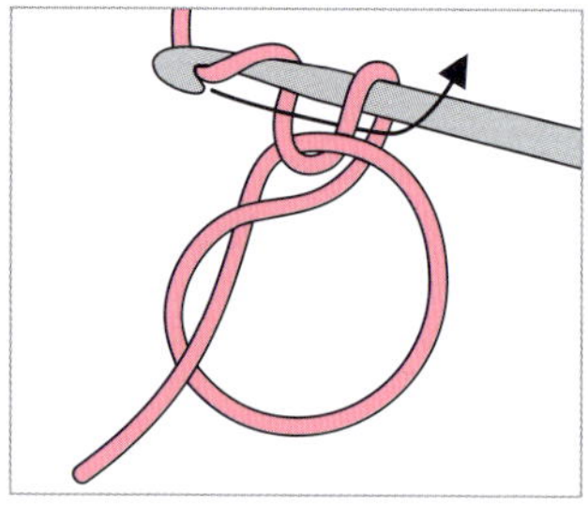

Den Faden zur Schlinge legen, einstechen, den Faden holen und durchziehen. Einen Umschlag bilden und durch die Schlinge ziehen. Die Maschen der 1. Runde um die Fadenschlinge arbeiten: Mit einer Kettmasche in die 1. Masche schließen, die Schlinge zuziehen.

Kettmasche

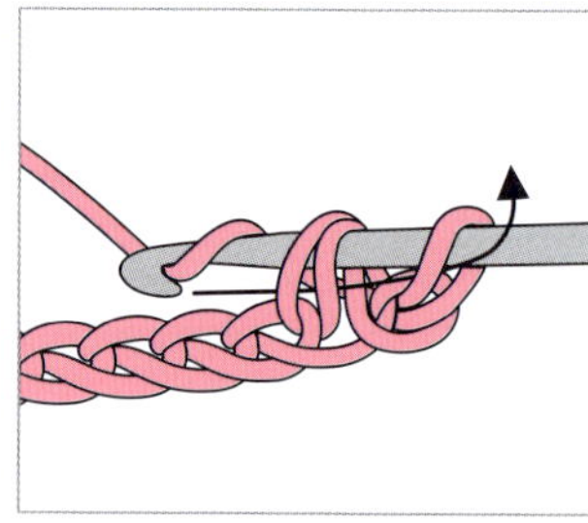

In beide Maschenglieder der Masche einstechen, den Faden holen. Aber im Gegensatz zur festen Masche diesen Umschlag sofort durch das Maschenglied und die auf der Nadel liegende Schlinge ziehen (= abmaschen).

Feste Masche

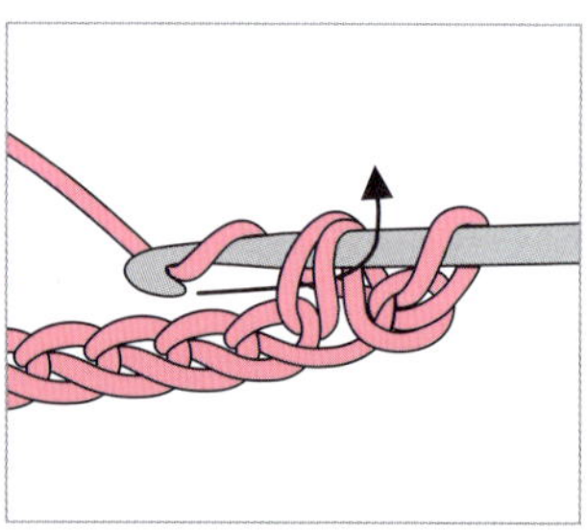

In beide Maschenglieder der Masche einstechen, den Faden holen. Diesen Umschlag durch die Einstichstelle ziehen. Den Faden erneut holen und durch beide Schlingen auf der Nadel ziehen (= abmaschen).

Halbes Stäbchen

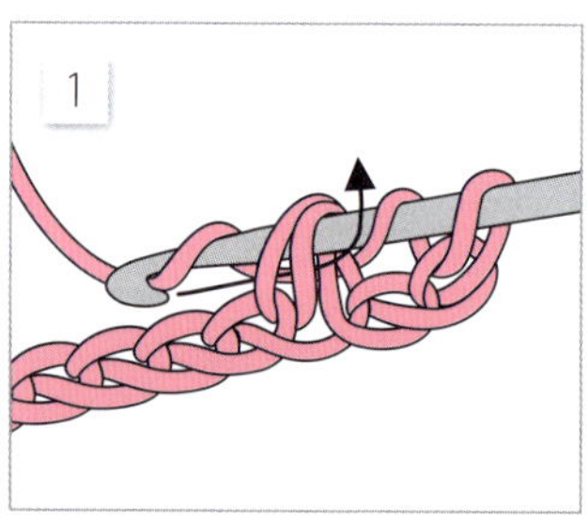

Das 1. halbe Stäbchen der Reihe wird durch 2 Luftmaschen ersetzt. Einen Umschlag auf die Nadel nehmen, in beide Maschenglieder der Masche einstechen, den Faden holen und durch die Einstichstelle ziehen.

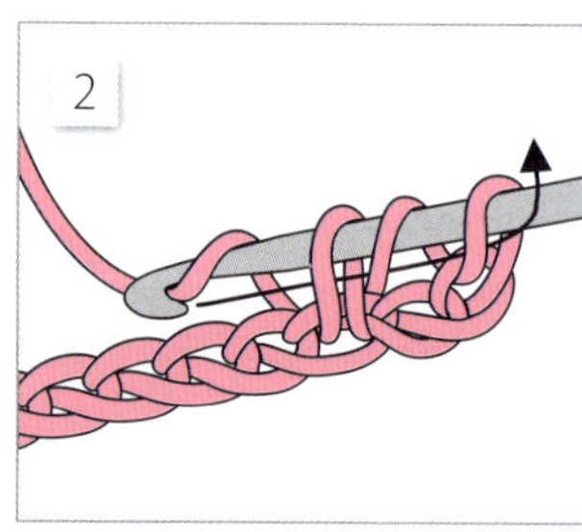

Wie beim Stäbchen liegen nun 3 Schlingen auf der Nadel. Mit einem weiteren Umschlag nun alle 3 Schlingen auf der Nadel gleichzeitig abmaschen.

Stäbchen

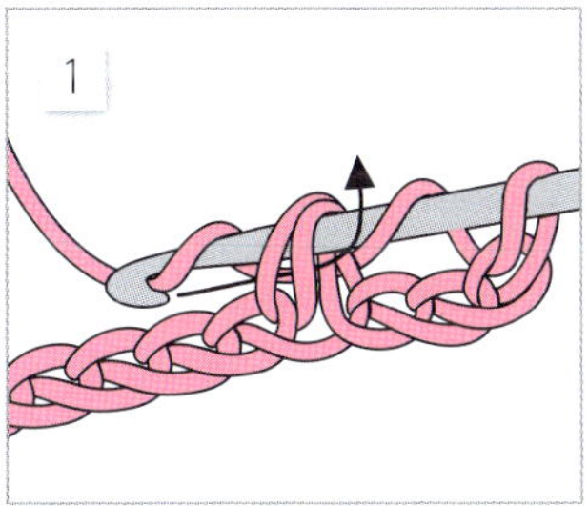

Das 1. Stäbchen der Reihe wird durch 3 Luftmaschen ersetzt. Für das folgende Stäbchen einen Umschlag auf die Nadel nehmen, in die 4. Masche von der Nadel aus einstechen, den Faden holen und durch die Einstichstelle ziehen.

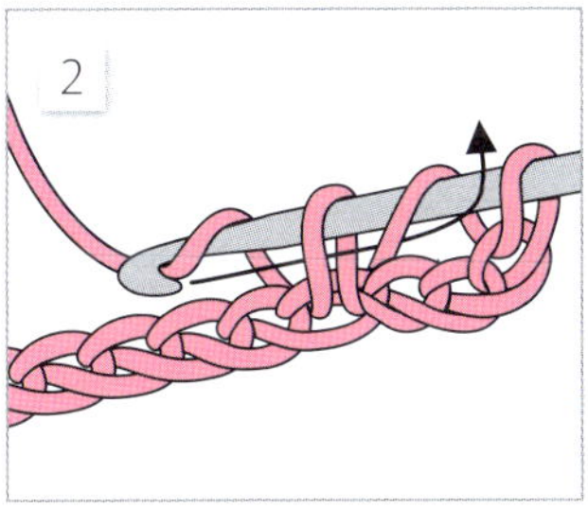

Den Faden erneut holen und durch die ersten 2 auf der Nadel liegenden Schlingen ziehen. Erneut den Faden holen und durch die restlichen 2 auf der Nadel liegenden Schlingen ziehen (= abmaschen).

Doppelstäbchen

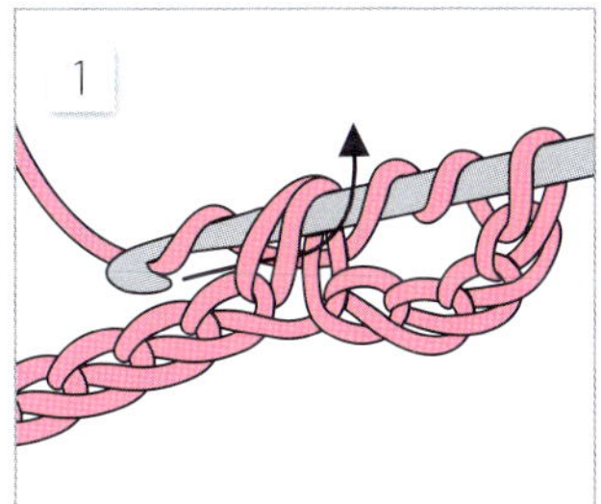

Das 1. Doppelstäbchen der Reihe wird durch 4 Luftmaschen ersetzt. 2 Umschläge auf die Nadel nehmen und in die 5. Masche von der Nadel aus einstechen. Den Faden holen und durch die Einstichstelle ziehen (= 4 Schlingen liegen auf der Nadel).

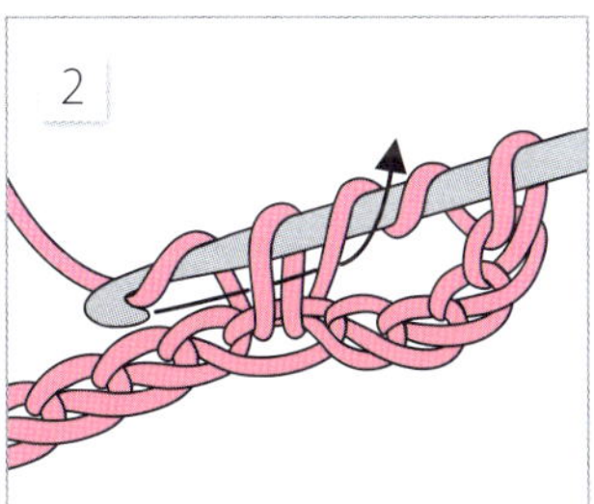

Den Faden holen und durch die ersten 2 Schlingen ziehen. Den Faden erneut holen und durch 2 der 3 Schlingen ziehen. Dann den Faden holen und durch die letzten 2 Schlingen ziehen.

Mehrere Maschen zusammen abmaschen

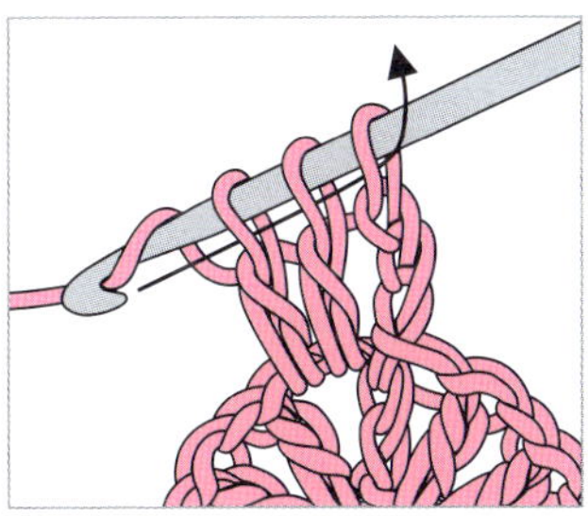

Mehrere Maschen bis auf den letzten Schritt arbeiten. Diesen erst bei der letzten Masche für alle Maschen gleichzeitig durchführen: Faden holen und durch alle Schlingen durchziehen.

Mehrere Maschen in dieselbe Einstichstelle arbeiten

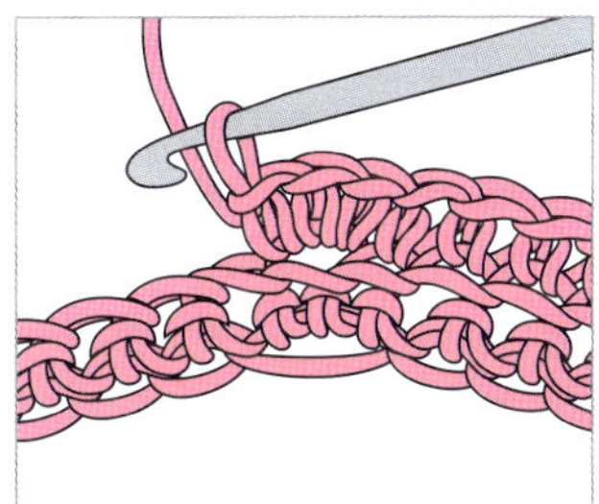

Nacheinander mehrere Maschen arbeiten, dabei alle stets in dieselbe Einstichstelle, also in dieselbe Masche der Vorreihe einstechen. Auf der Abbildung sind feste Maschen gezeichnet.

Impressum
Entwurf und Umsetzung: Karola Luther-Hoffmann
Lektorat: Birgit Rath-Israel
Redaktion: Xenia Kuczera
Fotografie: Wladislaw Hofmann
Gesamtgestaltung und Satz: GrafikwerkFreiburg
Repro: RTK & SRS mediagroup GmbH
Printed in Poland by CGS Printing

★ ★ ★ ★ ★

Sind Sie mit diesem Titel zufrieden? Dann würden wir uns über Ihre Weiterempfehlung freuen. Erzählen Sie es im Freundeskreis, berichten Sie Ihrem Buchhändler oder bewerten Sie beim Onlinekauf. Und wenn Sie Kritik, Korrekturen, Aktualisierungen haben, freuen wir uns über Ihre Nachricht an:
Christian Verlag, Postfach 40 02 09,
D-80702 München oder per E-Mail an
lektorat@verlagshaus.de.

Unser komplettes Programm finden Sie unter

www.christophorus-verlag.de

In diesem Buch wird aus Gründen der besseren Lesbarkeit das generische Maskulinum verwendet. Weibliche und anderweitige Geschlechteridentitäten werden dabei ausdrücklich mitgemeint, soweit es für die Aussage erforderlich ist.

Herstellerverzeichnis

- buttinette Textil-Versandhaus GmbH, Wertingen
  www.buttinette.de

Die Deutsche Nationalbibliothek verzeichnet diese Publikation in der Deutschen Nationalbibliografie; detaillierte bibliografische Daten sind im Internet über http://dnb.d-nb.de abrufbar.

6. Auflage

ISBN 978-3-8410-6396-0

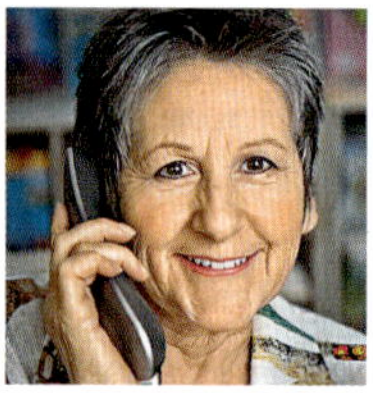

Kreativ-Service

Sie haben Fragen zu den Büchern und Materialien? Frau Erika Noll ist für Sie da und berät Sie rund um alle Kreativthemen. Rufen Sie an! Wir interessieren uns auch für Ihre eigenen Ideen und Anregungen. Sie erreichen Frau Noll per E-Mail: **mail@kreativ-service.info** oder Tel.: **+49 (0) 5052 / 91 18 58**

Besuchen Sie uns im Internet: **www.christophorus-verlag.de** & **www.selbstgemacht.de**